KB072055

자유지상주의자들
자유주의자들
그리고
민주주의자들

자유지상주의자들
자유주의자들
그리고 민주주의자들

1판 1쇄 발행 2005년 1월 1일
1판 4쇄 발행 2013년 9월 12일

지은이   김비환
펴낸이   김준영
편집   신철호 현상철 구남희
디자인   이민영
마케팅   박인봉 박정수
관리   조승현 김지현

펴낸곳   성균관대학교 출판부
등록   1975년 5월 21일 제 1975-9호
주소   110-745 서울특별시 종로구 성균관로 25-2
대표전화   (02) 760-1252~4
팩시밀리   (02) 762-7452
홈페이지   http://press.skku.edu

ISBN 89-7986-579-1
ISBN 89-7986-535-X(세트)

＊잘못된 책은 구입한 곳에서 교환해 드립니다.

사람생각 03

 기본권을 통해본 시장과 민주주의

자유지상주의자들
자유주의자들
그리고
민주주의자들

김비환 지음

성균관대학교
출 판 부

인간은 '가치'란 색안경을 쓰고 정치세계를 바라보고 또 평가한다. 사람들이 정치세계를 바라볼 때 쓰는 색안경(가치)은 다양하다. 하지만 보통은 몇 개의 색안경으로 통일된다. 자유, 질서, 평등, 정의, 권리, 공동선 그리고 민주주의와 같은 색깔들로 채색된 안경들이 그것들이다. 아마도 사람들이 각자 다른 색안경을 쓰게 되는 이유는 저마다 다를 것이다. 가정교육, 자신이 속한 사회계급, 우연히 가담한 데모, 학문연구, 빈곤과 질병과 같은 사회적 참상에 대한 분노와 연민, 노블리스 오블리제 등등 많은 원인들이 있을 것이다. 하지만 그 계기가 어떠하든 사람들은 자신이 선택하거나 우연히 쓰게 된 색안경 때문에 현재의 정치세계를 제각기 달리 파악한다. 그리하여 어떤 사람들은 긍정적으로 또 다른 사람들은 부정적으로 정치사회를 평가하게 된다.

물론 사람들은 한 가지 가치만을 지지하지는 않는다. 그들은 여러 가지 가치를 다 고려한다. 하지만 그 가치들의 상대적 비중은 다르게 설정한다. 예컨대 자유지상주의자는 자유란 가치를 중심으로 평등과 질서, 정의와 민주주의의 의미를 해석하고 또 서로 연관시킨다. 반면에 자유주의자들은 '도덕적 평등' 혹은 '평등한 자유' 란 관점에서 자유와 질서, 정의와 민주주의의 의미를 해석하고 관계 짓는다. 그리고 민주주의자들 역시 자신이 이해하는 바의 민주주의를 중심으로 다른 가치들의 상대적 비중과 위치를 설정한다. 때문에 동일한 정치세계를 다르게 이해하고 평가하게 된다.

이 책에서 필자는 오늘날 지배적인 정치 이데올로기로 확산되고 있는 자유주의 전통 내부의 다양한 흐름들을 분류해보고자 한다. I부에서는 어떤 정치적 행위자가 왜 자유지상주의자나 자유주의자 혹은 민주주의자가 되는지를 검토한다. 특히 시장과 민주주의의 관계를 어떻게 설정하고 있는가를 중심으로 그런 차이가 발생하는 이유를 살펴본다. 그리고 II부에서는 I부에서 다루진 않지만 현대 자유주의의 새로운 흐름으로 정착되고 있는 '완전주의적 자유주의' 를 비판적으로 소개한다. 그리고 고전적 자유주의에 대한 편견을 바로 잡을 필요가 있다는 판단아래 로크와 스코틀랜드 계몽주의자들의 자유주의에 전제되어 있는 공동체주의적 요소들을 조명해본다. 그러면서 자유주의와 공동체주의가 그렇게 대립적으로만 이해될 필요가 없다는 것을 강조하고자 한다.

어려운 출판환경 속에서도 이 책의 출판을 맡아준 성균관대학교 출판부에 감사드린다. 특히 이 책의 출판을 위해 정성껏 일해준 자칭 들풀이라는 분께 특별한 감사를 드린다. 책을 낼 때마다 아내의 인내와 정성 그리고 두 아들 대휘 재휘의 존재는 언제나 큰 위로와 힘이 된다는 것을 전하고 싶다. 이 책 역시 그들의 존재에 힘입은 바 크다.

2004년 11월
명륜골 연구실에서

차례

제1부

자유지상

자유지상

그리고 민주

기본권을 통해 본
시장과 민주주의의 관계

1. 시장과 민주주의의 상관성

대부분의 현대 국가에서 시장과 민주주의는 가장 중요한 두 가지 제도로 채택되고 있다. 1980년대 후반까지만 해도 이 제도들과 거리가 멀었던 러시아 및 동구 사회주의 국가들은 이제 경제적 시장과 정치적 민주주의를 자유화의 최종적 목표로 삼고 있다. 명목상 아직 사회주의를 표방하고 있는 중국도 제한적이긴 하나 사유재산제도로 뒷받침된 시장경제를 돌이킬 수 없을 정도로 진척시키고 있다. 최근에는 가장 강고한 폐쇄체제를 유지해오던 북한도 제한적인 시장경제의 실험을 체제유지의 유일한 대안으로 인식해가고 있다.

시장에 비해 민주주의의 도정은 그다지 순탄치 않다. 하지만 민주주의 역시 서구 이외의 지역에서도 점점 더 대중들의 관심을 사로잡아가고 있다. 서구에서 민주주의는 근대의 성숙과 더불어 경제적 시장에 못지않은 핵심 제도로서의 위상을 굳혔다. 현실 사회주의 체제의 몰락 이후 대부분의 국가에서 시장과 민주주의의 우월성에 대한 믿음은 더욱 확고해지고 있다.

서구의 자유주의 사회에서 시장경제와 민주주의가 오랫동안 병

존해왔다는 사실은 시장과 민주주의가 서로 양립가능하거나 정합
적인 관계를 이루고 있다는 믿음을 발생·유포시켰다. 때문에 자
유주의는 때로 시장경제와 동일시되기도 했으며 민주주의와 교체
가능한 개념처럼 사용되기도 했다. 나아가서 진정한 민주주의는
자유주의적 민주주의뿐이라는 확신을 주기도 했다.

하지만 급진민주주의를 표방했던 사회주의자들은 자유주의적
시장경제하에서는 진정한 민주주의의 실천이 불가능하다고 반박
했다. 그들은 시장경제와 공존해온 민주주의는 형식적인 수준의
민주주의였을 뿐이며 단지 부르주아 계급지배의 정당성만을 강화
시켰을 뿐이라고 비판했다. 사회주의자들은 '실질적인' 민주주의
가 가능하기 위해서는 시장경제에 대한 근본적인 제약이 필수적
이라고 주장했다. 어쨌든 영국과 독일, 프랑스와 같은 근대국가들
내부에서 사회주의 사상이 대두·확산되고 제도화된 현상은 시장
과 민주주의의 관계가 일면적이지 않다는 사실을 입증해 주었다.
그러므로 시장과 민주주의가 도대체 어떤 구조적 관계를 형성하
고 있는가 하는 문제는 사회주의가 몰락하고 민주주의가 보편적
인 지지를 얻어가고 있는 현 시점에서 다시 한번 중요한 이론적·
실천적 문제로 부각되고 있다.[1]

이런 맥락에서 필자는 시장과 민주주의라는 두 제도의 상호관

---

1 대부분의 현대 자유주의자들이 시장과 민주주의를 동시에 지지하고 있음에도 불구하고 시장과 민주
주의는 그 도덕적 토대와 구조적 관계에 있어 통합되기 어렵다는 비판 또한 끊임없이 제기되어 왔다.
그러므로 시장과 민주주의의 현실적인 공존이―그 어느 쪽도 완전히 충족시킬 수 없는―일시적인 절
충적 균형에 불과하다면 자유주의는 내적인 모순을 안고 있다고 볼 수 있다. 이 긴장 또는 모순을 해
결하지 않는 한 시장 또는 민주주의에 대한 자유주의자들의 지지는 언제나 불완전하고 유보적일 수
밖에 없다.

계를 중심으로 현대 자유주의의 다양한 흐름들을 개관, 제한적이긴 하나 시장과 민주주의 사이에 존재하는 복잡한 관계구조를 조명해보고자 한다. 필자는 현대 자유주의에서 이 두 가지 제도의 지위와 관계를 밝히기 위해 특히 자유주의자들이 강조하고 있는 '기본권(basic rights)'의 성격과 내용에 주목하고자 하는데, 이는 '기본권' 개념이 현대 자유주의 내에 존재하는 다양한 차이를 이해할 수 있는 중요한 단서가 되기 때문이다. 시장과 민주주의의 관계에 대한 자유주의자들 사이의 인식차이를 조명해보는 것은 시장과 민주주의 사이에 존재하는 관계의 복잡성을 이해하는 데 도움이 될 뿐만 아니라, 동시에 그 두 제도를 병행 발전시키는 과정에서 한국사회가 직면하게 될 이론적·실천적 딜레마를 이해·해소하는 데도 시사하는 바가 있을 것이다. 이 글의 구성은 아래와 같다.

2장에서는 먼저 시장과 민주주의의 관계에 대한 그동안의 연구들을 간략히 정리해본다. 2장은 시장과 민주주의의 관계에 대한 그동안의 연구들이 어떤 관점 혹은 측면에서 이루어져 왔는가를 보여줌으로써 이 글의 문제의식을 좀 더 넓은 맥락에서 이해할 수 있도록 해준다.

3장에서는 이 책의 주제를 다루기 위한 방법을 설명한다. 먼저 현대 자유주의의 내적 분화를 개관해온 다양한 방법들을 소개하고 그에 대한 보완 또는 대안적 방법으로서 시장중심적인 자유주의와 민주주의 중심적 자유주의로 분류할 것을 제안한다. 물론 대부분의 자유주의자들은 시장과 민주주의를 동시에 지지하기 때문에, 자유주의가 시장 중심적인가 민주주의 중심적인가 하는 기준은 분석 대상이 되는 자유주의가 시장과 민주주의 중 어느 제도에 상대적으로 높은 비중을 두고 있는가를 판단하기 위한 것이다. 현대 자유주의는 시장의 기능에 전폭적인 신뢰를 보내느냐, 아니면 민주정치의 역할에 더 큰 기대를 걸고 있느냐에 따라 내부적으로 상당한 차별성을 보이고 있다. 따라서 시장중심주의와 민주주의 중심주의는 현대 자유주의의 내적 분화를 개관하기 위한 또 하나의 의미 있는 기준이 될 수 있다는 것이 이 글의 기본 입장이다.

4장부터 5장까지는 시장중심주의적 자유주의와 민주주의 중심적 자유주의를 비판적으로 개관한다. 4장에서는 시장 중심적 자유주의를 시카고 경제학파, 오스트리아 경제학파, 버지니아 공공선택학파, 노직(Robert Nozick, 1938~2002)과 호스퍼스(John Hospers, 1918~2004), 랜드(Ayn Rand, 1905~1982), 로쓰바드(Murray N. Rothbard, 1926~1995)의 이론 등을 중심으로 개관한다. 자유주의적 가치를 실현함에 있어 시장의 역할 및 시장경제에 참여할 수 있는 기본적 권리들의 경제적 성격을 중심으로 이들 자유주의자들의 이론을 검토한다. 그리고 5장에서는 민주주의와 시장의 역할에 비슷한 비중을 두고 있는 '균형적' 자유주의를 개관한다. 이 입장은 오늘날 다수의 평등주의적·복지주의적 자유주의자들이 견지하는 입장으로 이 책에서는 그 대표자들인 롤즈(John Rawls, 1921~2002), 하버마스(Jürgen Habermas, 1929~) 그리고 드워킨(Ronald Dworkin, 1931~)의 이론을 개관한다.[2]

6장에서는 시장과 민주주의의 관계를 민주적 참여의 가치(권리)

를 중심으로 재구성하는 자유주의자들과 참여민주주의적 (participatory democratic) 자유주의자들의 이론을 개관한다. 이들은 민주주의 혹은 참여민주주의를 핵심 축으로 하여 자유주의적 가치와 제도에 상당한 수정을 가한다. 그런 의미에서 그들의 자유주의는 민주적 참여라는 가치에 의해 제한된 '민주주의 중심적' 자유주의로 규정할 수 있다.

7장 맺음말에서는 6장까지의 논의를 요약해본 후 자유주의에 대한 필자의 분류법에 어떤 이론적·실천적 의의가 있는지를 살펴본다.

---

2 테일러(C. Taylor), 갈스톤(W. Galston), 마쎄도(S. Macedo)와 같은 학자들은 공동체주의자들이면서 동시에 자유주의자들로도 간주된다. 이들은 자유주의적 가치인 개인의 자율성과 자유주의적 제도들을 지지하지만 개인의 권리와 자율성이 실현되는 공동체적 토대의 근본적 중요성과 자유주의적 미덕의 중요성도 인정하고 있기 때문이다. 따라서 이들은 '자유주의적 공동체주의자' 혹은 '공동체주의적 자유주의자'로 불리기도 한다. 왈저(M. Walzer)도 이와 비슷하다. 하지만 왈저는 시장에 비해 상대적으로 민주주의의 중요성을 강조한다는 점에서—그 이유는 5장에서 다뤄질 것이다—'민주주의 중심적' 자유주의자로 분류하였다.

2. 시장과 민주주의의 관계에 대한 기존의 연구들

  이 책의 주제를 본격적으로 다루기에 앞서 이 장에서는 먼저 시
장과 민주주의의 관계에 대한 그동안의 연구들을 간략히 정리해
보고자 한다. 그동안 시장과 민주주의의 관계에 대한 학계의 연구
는 다양한 관점에서 수행되어 왔는데 그 결과만을 정리해보면 대
체로 다음과 같이 분류 · 정리해볼 수 있다.

1) 시장과 민주주의가 서로 지지하되 시장이 일차적 중요성을 갖는다.

  이것은 주로 프리드만(Milton Friedman, 1912~), 하이에크
(Friedrich von Hayek, 1899~1992) 및 노직(R. Nozick)과 같은 新우익
적 新자유주의 혹은 자유지상주의적 입장에서 개진하고 있는 주
장이다. 이는 시장을 사적 책임의 영역으로 설정하고 그에 대한
국가권력의 개입을 원천적으로 봉쇄해야 한다고 주장하는 입장이
다. 시장의 존재 자체가 정치의 한계를 설정하고 정치권력을 제한
하는 효과가 있는 것으로 본다. 민주주의는 시장에서의 선택의 자
연스러운 논리적 귀결이라 생각한다. 따라서 시장과 민주주의 사

이에는 논리적 선후관계가 성립되기 때문에 모순이 있을 수 없다고 보는 것이다. 민주주의의 지위는 시장에 종속되는데, 그 까닭은 민주주의는 시장선택의 원리가 정치영역으로까지 확장된 것에 불과하기 때문이다.[3] 이 입장은 현대 자유주의 전통 내의 한 가지 시각으로 이 책의 4장에서 깊이 있게 다뤄질 것이다.

2) 시장경제는 민주주의의 물적 토대인 경제성장을 위해 필수적이다.

이것은 시장경제는 투표자들의 기대에 부응하기 위한 경제성장을 가능케 하고, 경제성장은 부의 배분을 둘러싼 갈등을 약화시킴으로써 민주적 절차에 의한 문제해결을 촉진시키기 때문에 민주주의가 발전된다고 보는 입장이다. 립셋은 일찍이 「민주주의의 몇 가지 사회적 필요조건들」(1959)이란 논문에서 이런 주장을 체계적으로 표명한 바 있다.[4] 그리고 1960년대와 70년대의 근대화 이론가들 중 상당수가 이런 견해를 지지했다.

하지만 이 입장은 어느 정도의 경제성장이 민주주의의 조건이며, 시장이 사회를 반드시 경제성장으로 이끄는 유일한 제도인가

---

3 하지만 마르크스(K. Marx)와 같은 사회주의자들은 시장자유와 정치적 자유의 상호 연관성에 대해 근본적인 회의를 표명했으며 베버(M. Weber)와 같은 일부 자유주의자들 역시 적지 않은 회의를 표명했다. 경험적인 사례들 또한 이 주장과 어긋나는 경우가 적지 않기 때문에 이 주장의 타당성은 조심스럽게 받아들여져야 한다. 예컨대, 싱가포르와 권위주의 시대의 한국, 그리고 부분적으로 중국의 자유화 등에서 알 수 있듯이 시장이 반드시 민주주의의 조건이 된다고 보기 어려운 단계 혹은 사정이 존재할 수 있다. 그러나 이미 민주주의가 어느 정도 정착된 곳에서는 대부분 원활한 시장경제가 형성되어 있는 것처럼 보인다. 그러나 이 경우에도 완전한 일반화는 어렵다. 인도의 경우는 그 한 예가 될 수 있다.
4 S. M. Lipset, "some social requisites of democracy," *American Political Science Review*, 53, 1959, 69-105.

에 대해 확실히 입증해주지 못하는 문제점을 안고 있다. 어느 단계에서는 권위주의체제가 경제성장에 유리한 상황도 존재할 수 있기 때문이다. 뿐만 아니라 시장경제는 심지어 산업화된 국가에서조차 부의 불평등을 심화시킬 수 있기 때문에 시장경제가 반드시 민주주의를 진작시킨다고 속단하기는 어려운 측면도 있다. 그리고 시장의 강화 혹은 확산이 반드시 민주주의를 심화시킨다고 볼 수 없는데 이는 이 상관성이 이전以前 정부의 개입정책의 성격에 달려 있기 때문이다.[5]

3)시장은 민주주의에 대해 부정적인 영향을 미친다.

이것은 민주주의에 대한 시장의 긍정적인 역할을 강조한 연구와 반대되는 주장으로 그 논리는 다음과 같다. 시장은 주된 경제활동의 영역을 정치적 통제로부터 독립시킴으로써 최소정부를 만드는 데 기여한다. 그리하여 전체사회와 공공의 이해관계에 영향을 미치는 중요한 요소들인 투자와 고용, 이윤과 임금의 배분과 같은 중대한 문제들을 사적인 결정에 좌우되게 만든다. 이는 사회주의자들이 주장하듯이 시장의 '무정부성'이라고 부를 수 있다. 따라서 시장의 독립성은 경제를 민주적 통제의 예외 지역으로 만들게 된다.

시장과 민주주의의 긴장은 이 제도들이 작동하는 수준의 차이

---

5 D. Beetham, *Democracy and Human Rights*, Cambridge: Polity Press, 1999, 61.

에서도 기인한다. 시장은 세계적인 수준에서 작동함으로써 국민
국가 내의 민주적인 통제로부터 점점 더 벗어나고 있지만 민주주
의는 여전히 국민국가의 틀 내에서 이뤄지고 있다. 따라서 세계적
수준에서의 민주주의의 가능성에 대한 탐구를 과제로 남겨 놓는
다.[6]

4)자유시장적 경쟁은 경제적·사회적 불평등을 심화시킨다.

이것은 마르크스주의로부터 깊은 영향을 받은 신좌익의 주장이
다. 신좌익은 시장이 불평등을 야기하는 경향이 있다는 것은 심지
어 新우익에서도 인정한다고 주장한다. 하지만 노직이나 프리드
만과 같은 이론가들은 그 불평등을 정당한 교환의 우연한 결과 혹
은 자유의 불가피한 대가 등으로 정당화한다.

이 넷째 입장에 따르면 사회적·경제적 불평등은 민주주의에
대해 다음과 같은 두 가지 경로를 통해 부정적인 영향을 미친다고
한다. ①경제적 박탈 및 사회적 소외는 시민적·정치적 권리의 효
율적인 행사를 저해한다. ②그 결과 국가의 감시체제와 억압기구
가 확대될 수 있으며 포퓰리즘적인 정치동원이 쉬워진다.

---

6 예컨대 다음을 볼 것. D. Held, *Democracy and Global Order*, Cambridge: Polity Press 1995.

5) 시장의 성향은 민주적 公영역의 고유성과 순수성을 왜곡시킨다.

이 연구는 소비자로서의 시민과 투표권을 갖는 주권자로서의 시민 사이의 갈등을 반영한다. 그리하여 ①시장의 속성에 적응된 시민은 정치적 선택의 공간에서도 사적인 이익을 추구하는 소비자로서의 행태를 보이며 公영역을 사유화하려 한다. 그리고 ②사적 이익의 논리는 공적 영역을 식민화하려고 함으로써 공동선의 형성과 공적인 이해의 창출을 침식한다. 이 견해는 맥퍼슨(C. B. Macpherson), 아렌트(Hannah Arendt, 1906~1975), 바버(B. Barber) 등과 같은 학자들에 의해 개진되었다.

6) 시장과 민주주의는 서로 다른 가치를 반영하는 제도이므로 현실적으로는 균형을 이뤄야 한다.

이 시각은 롤즈(J. Rawls), 드워킨(R. Dworkin)과 같은 현대의 복지자유주의자들의 시각이다. 자유지상주의자들이 민주주의를 독립변수인 시장의 종속변수로 보는데 반해 이들은 민주주의도 하나의 독립변수로 간주함으로써 이 두 제도 혹은 원리간의 균형을 찾으려 한다. 따라서 이 입장의 경우에도 시장과 민주주의는 통합적인 관계를 형성하기보다는 내적인 긴장을 포함하고 있는 것으로 이해하고 있다. 이 시각은 자유주의 전통 내의 중요한 한 가지 견해로서 이 책의 5장에서 본격적으로 탐구될 것이다.

7) 시장보다는 민주주의적 자치의 원리가 우선적인 중요성을 갖는다.

이것은 민주주의자들의 시각으로 시장과 자유주의에 대한 민주적 통제를 강화해야 한다고 보는 입장이다. 脫사회주의 추세이후 과거의 사회주의자들 중 일부가 취하고 있는 급진적 민주주의 입장과(예컨대, Ernesto Laclau, Chantal Mouffe), 공정한 조정기제(절차)로서의 민주주의 메커니즘을 통해 문화적 소수집단들을 포용해냄으로써 자유주의 문화의 헤게모니를 완화시키려고 하는 온건한 입장이 있다(예컨대, R. Bellamy). 이 책의 6장에서는 온건한 민주주의자들의 입장을 '민주적 자유주의(democratic liberalism)' 로 규정하고 그 대표자들의 이론을 검토한다.

급진적 민주주의 입장은 민주주의의 원리를 자유주의의 틀을 넘어서까지 확장하려고 한다. 이 시각에 따를 경우 민주주의의 증진은 불가피하게 시장의 축소를 수반하는바 시장과 민주주의의 관계가 지나치게 대립적으로 설정된다.

3. 자유주의에서 시장과 민주주의의 지위

이 장에서는 그동안 자유주의 전통내의 다양한 입장들이 어떤 방식으로 분류되어 왔는가를 개관하고, 시장과 민주주의의 관계를 설정하는 방식에 따라 분류하는 대안적 방법을 제시하고 그 방법이 갖는 이점을 설명한다.

그동안 현대의 자유주의 사상은 다양한 기준에 따라 다양한 방식으로 분류되어 왔다. 그레이(J. Gray)는 단일한 전통을 형성하고 있는 자유주의의 다양한 철학적·도덕적 토대를 확인하고, 각 토대에 따라 독특한 자유주의 사상이 형성되었다는 것을 밝히고 있다(Gray 1986, chap. 6). 그에 의하면 자유주의 사상은 17·18세기 자연권 사상에 기초하여 형성된 '자연권 자유주의(natural rights liberalism)', 칸트의 자율성 개념과 도덕철학에 기초하여 형성된 '칸트적 자유주의(Kantian liberalism)' 그리고 벤담과 밀의 공리주의 사상에 기초한 '공리주의적 자유주의(utilitarian liberalism)'로 분류된다. '자연권 자유주의'는 로크의 '자기소유권(self-ownership)' 개념을 개인의 가장 근본적인 권리로 간주하며 그로부터 기본적인 개인의 권리들을 도출하고 이런 권리들의 보호를 자유주의 정치질서의 가장 근본적인 목적으로 상정한다. 반면에 '칸트적 자유주의' 는 개인의 근본적인 도덕적 특성이라 여겨지는 '자율성' 의 능력과 타인을 자신의 이익추구를 위한 수단으로 간 주해서는 안된다는 도덕적 절대의무를 기초로 하여 구성된 자유 주의로 현대의 가장 중요한 자유주의 전통인 의무론적 자유주의 를 구성한다. 마지막으로 공리주의적 자유주의는 벤담과 밀의 '공리성의 원칙' 에 입각하여 개인적 자유와 권리의 체계를 도출 해내는 자유주의 전통으로서 사회적 유용성을 개인적 자유와 권 리의 윤리적 토대로 간주한다.

하지만 자유주의는 그레이의 분류에 따라서만 나뉘는 것은 아 니다. 더구나 그레이의 분류가 자유주의의 다양한 흐름들을 가장 정확하고 의미 있게 구분할 수 있는 유일한 기준을 제공해주는 것 도 아니다. 다른 학자들은 그레이의 삼분법적 분류보다는 칸트적 자유주의('의무론적 자유주의', deontological liberalism)와 공리주 의적 자유주의라는 이분법적 구분을 선호하는 경향이 있다. 그것 은 오늘날에는 자연권 사상에 대한 회의가 크기 때문이기도 하며 의무론적 자유주의에 자연권적 자유주의를 포함시킬 수 있기 때 문이기도 하다.

오늘날의 대표적인 자유주의자들인 롤즈와 드워킨은 또 다른 대표적 자유주의자(자유지상주의자)인 노직과 더불어 전형적인 칸 트주의적 자유주의자들로 분류된다. 롤즈(J. Rawls)와 드워킨(R. Dworkin)은 개인의 자율적 이성과 타인을 자신의 이익추구를 위 한 수단으로 삼지 말라는 칸트적 도덕명령을 전제조건으로 삼아 그로부터 시민들 사이의 상호관계를 규제하는 정의원리들을 도출해낸다.

또한 롤즈와 드워킨 그리고 노직(R. Nozick)은 그 구체적인 내용에는 다소 차이가 있지만 자유주의 국가가 다양한 문화집단들과 가치관들 사이에서 (그 정책적 동기의 측면에서) 어느 쪽도 편들지 않는 '중립적인 태도'를 취해야 한다고 주장하는 점에서도 비슷하다. 그리고 사회복지의 극대화를 근거로 하여 개인의 권익침해를 정당화할 수 있는 논리적 취약성을 갖고 있는 공리주의에 대해 적대적이라는 점에서도 일치한다. 그렇게 보면 롤즈와 노직은 상이점보다는 공통점이 더 많은 것처럼 보인다.

하지만 현대 자유주의 사상에서 롤즈와 노직은 공통점보다는 차이점이 훨씬 더 큰 것처럼 인식된다. 롤즈는 평등주의를 수용하는 평등주의적 자유주의자 곧 복지주의적 자유주의자로 분류되고, 노직은 형식적이고 절차적인 기회의 평등만을 강조하는 자유지상주의적 자유주의자 곧 최소국가 자유주의자(minimal state liberal)로 분류되는 것이 일반적이다. 이런 시각에서 보면 롤즈와 노직은 전혀 다른 정책적 지향을 갖고 경합하는 자유주의자들로 이해할 수 있다.

한편 최소국가적 법치국가의 이념을 주장하는 사상가로 널리 알려진 하이예크(F. Hayek)는 국가의 再분배적 역할을 거부한다는 점에서 노직의 자유지상주의적 입장과 동일시되곤 한다. 하지만 하이예크는 로크적 '자기소유권' 개념의 세속적 형태를 토대로 하여 구축된 노직의 자유지상주의와 달리 상당 부분 '사회적 효용성'이라는 공리주의적 요소를 수용한다. 그는 공리성의 원리를 가지고 자유주의적 시장경제질서의 진화를 설명하며 개인적 자유를 정당화한다. 때문에 그의 자유주의는 때로 칸트주의에 입각해 있는 노직의 입장과 정면으로 대립하는 경향이 있다. 일반적으로 정책적 지향의 측면에서 동일시되곤 하는 노직과 하이예크는 철학적 관점에서는 상반되는 전통을 따르고 있는 것이다.

현대의 자유주의는 또 다원주의 사회에서의 국가의 바람직한 태도와 관련, '중립주의적 자유주의(neutralistic liberalism)'와 '완전주의적 자유주의(perfectionistic liberalism)'로 구분되기도 한다. 중립주의적 자유주의는 현대 자유주의의 대세를 이루는 전통이다. 이 전통에 따르면 개인들의 평등한 존엄성을 지켜주기 위한 자유주의 국가의 바람직한 태도는 다양한 가치관들 사이에서 중립적인 태도를 견지하는 것이다. 자유주의 국가는 정책과 입법에 있어 어떤 특정한 가치관이나 인생관에 의존해서는 안된다. 그것은 자유주의 사회의 모든 시민들을 '동등한 존중과 관심'을 가지고 대해야 하는 국가의 마땅한 자세에 어긋나기 때문이다. 물론 국가는 '중립적인' 입법 및 정책의 '의도치 않은' '非중립적인' 결과까지도 다 고려할 수는 없다. 하지만 국가는 모든 개인들과 집단들을 차별하지 않도록 최대한으로 '중립적인' 태도를 취해야 한다는 것이 중립주의적 자유주의자들의 생각이다.

그런데 현대의 중립주의적 자유주의자들 대부분은 동시에 칸트주의적 전통을 따른다. 하지만 자유주의 사회의 국가가 중립적인 입장을 취해야 한다는 주장에 대해서 아리스토텔레스의 목적론적 사유에 고무된 일단의 학자들은 자유주의를 '중립적인' 기반 위에 세우려는 시도는 기만적인 것이며 성공할 수 없다고 비판한다. 라즈(J. Raz)와 누쓰바움(M. Nussbaum), 갈스톤(W. Galston)과 셀커버(S. Selkever) 같은 아리스토텔레스적 자유주의자들은 자유주의에 대한 이론적 옹호는 일정한 (자유주의적) '가치'에 대한 헌신과 충성 없이는 불가능하다고 주장한다. 다시 말해 어떠한 체제도 가치중립적으로 정당화할 수는 없다고 본다. 어떤 체제를 정당화하고 옹호한다는 것 자체가 일정한 가치판단과 선택을 전제하고 있기 때문이다. 그러므로 이들은 '중립주의'에 반하여 '완전주의적' 자유주의를 주창한다. 이들은 자유주의에 대한 옹호와 정당화는 자유주의 사회가 양성하고 또 필요로 하는 특정한 도덕적 가치나 능력(자율성)을 전제로 해서만 가능하다고 본다. 이들은 자유주의 국가가 다양한 가치관들과 생활양식들 사이에서 적극적인 가치판단을 행함으로써 도덕적으로 건전하고 옳은 것들을 적극적으로 장려해야 한다고 생각한다. 그들은 자유라는 자유주의적 가치를 삶을 의미 있게 하는 보다 실질적인 가치(목적적 가치)와 결합시킬 수 있는 목적론적 자유주의를 주장한다.

자유주의 전통은 또한 이상주의적 관점에서 자유주의를 이해하는 입장과 실용주의적 입장에서 이해하는 입장으로 분류·설명할 수도 있다. 이상주의적 입장은 '자유'라는 '이상'의 극대화라는 관점에서 자유주의 이론과 실제의 진화를 설명하는 입장이고, 실용주의적 자유주의는 '자유'의 실현을 방해하는 구체적인 악들을 제거하고 완화시키는 점진적인 과정으로서 자유주의 질서의 진화를 설명한다(Anderson 1990; Shklar, 1984 & 1990; Appleby 1992; Rosenblum 1989). 그런 점에서 이들을 현실주의적 자유주의자로 부를 수 있을 법도 하다. 특히 입헌적 법치주의의 발전을 어떤 관점에서 이해할 것인가 하는 문제에 있어 이상주의적 관점과 현실주의적 관점의 구분은 상당한 설득력을 보여준다.

자유주의에 대한 이런 다양한 분류법들은 나름대로의 타당한 근거와 이유를 갖고 있어서 자유주의자들의 다양한 문제의식을 이해하는 데 큰 도움이 된다. 하지만 이 분류법들은 현대 자유주의 사회의 가장 중요한 두 제도가 시장과 민주주의라는 사실과 이둘의 관계를 어떻게 설정하느냐에 따라 중대한 정치적 · 사회적 결과로 귀결될 수 있다는 사실을 두고 볼 때, 자유주의를 구체적인 정치적 · 경제적 제도들의 배열과 관련하여 이해해보고자 할 때는 다소 미흡한 감이 없지 않다. 때문에 자유주의 사회의 두 가지 핵심 제도인 시장과 민주주의의 관계를 중심으로 자유주의 전통의 내적 분화를 조명해보는 것은 적지 않은 의미가 있다. 그것은 자유주의 사상을 구체적인 제도적 형태들과 관련하여 분류하는 것이기 때문에 자유주의적 이념과 가치들이 어떤 논리근거에 입각해서 제도화되는지에 대해 시사해주는 바가 있을 것이며, 자유주의 질서 속에서 시장과 민주주의가 맺고 있는 구조적 · 내적 연관성을 드러내줄 수 있다. 나아가서 시장과 민주주의의 복잡한 관계를 보여줌으로써 현대국가들이 시장경제와 민주주의를 병행 발전시키는 과정에서 직면할 수 있는 가능한 문제들을 예상 · 대응하는 데 일조할 수 있다.

4. 시장 우선적 자유주의: 자유지상주의자들

시장 우선적 자유주의는 시장과 민주주의를 자유주의 질서의 가장 중요한 두 제도로 수용하지만 민주주의보다는 시장에 보다 근본적인 중요성을 부여하고 있는 자유주의 전통 내의 한 가지 입장을 말한다. 여기서 자유주의 사회에서 시장의 지위가 민주주의보다 더 '근본적'이라 함은 시장경제는 자유주의 질서의 구성근거가 되거나 가장 핵심적인 구성적 일부라는 것을 의미한다. 민주주의에 대해 시장의 우선성을 강조하는 자유주의자들은 시장제도야말로 자유주의사회의 구성적 핵심제도라고 믿고 있으며 자유주의 질서의 존재근거를 가장 잘 반영·표현하는 제도라고 생각한다. 민주주의 역시 자유주의 질서의 핵심제도들 중 한 가지로 이해되지만 시장에 비해 그 구성적 지위는 낮게 평가된다. 민주주의는 시장제도로부터 파생되거나 시장제도를 보조하는 파생적·부수적 제도로 간주되는 경향이 있다.

시장 우선적 자유주의에는 대체로 고전적 자유주의자들—로크, 맨더빌(Bernard de Manderville, 1670~1733), 스미스 등—을 계승하고 있는 시카고 경제학파, 오스트리아 경제학파, 버지니아 공공선택학파, 노직, 랜드, 호스퍼스와 같은 자유지상주의자들이 속해 있다. 이들의 자유주의적 이론은 시장을 가장 중핵적인 제도로 삼고 있으며 국가주의를 반대하고 법치주의에 의해 규제되는 제한 정부를 지지한다는 점에서 시장 우선적 자유주의자로 분류할 수 있다.

물론 자유주의 질서와 시장제도를 정당화하기 위한 윤리적·철학적 논거를 보면 이들 사이에는 유사점과 함께 매우 큰 차이가 존재한다. 예컨대, 시카고 경제학파와 오스트리아 경제학파는 두 학파 모두 인간사회가 '어느 정도' 규칙성이나 인과성을 갖고 있다는 것을 인정한다. 비록 인간사회를 지배하는 규칙성 혹은 인과성이 자연법칙처럼 엄격한 것은 아니지만, 사회관계를 상당 정도 예측할 수 있을 만큼의 법칙성을 지니고 있다고 본다는 점에서는 동일하다. 하지만 시카고 경제학파는 가치와 사실을 준별하고 경험적 관찰에 입각해서만 사회과학적 지식을 도출할 수 있다는 엄격한 실증주의적 입장을 견지한다.

하지만 오스트리아 경제학파의 방법론적 입장은 시카고 학파와 근본적인 차이가 있다. 시카고 학파가 경험적 관찰로부터 출발하는 반면에 오스트리아 학파는 '내적 성찰(introspection)'로부터 출발한다. 그들은 인간을 단순히 어떤 외적인 자극에 반응하는 자동인형과 같은 존재로 보지 않고 인간의 정신 혹은 의식을 사회현상을 발생시키는 근원적 원인으로 간주한다. 그들은 인간의 본성에 대한 몇 가지 자명한 공리들에서 출발하는 연역적 추론과 몇 가지 확실한 경험적 사실들을 결합시켜 인간의 행위와 사회현상에 대

한 일반 이론을 도출한다.[7]

다른 한 가지 큰 차이점은 시카고 학파와 오스트리아 학파 그리고 버지니아 학파를 포함하는 입장과 노직, 랜드 그리고 호스퍼스를 포함하는 다른 입장 사이에서 발견된다. 시카고 학파, 오스트리아 학파 그리고 버지니아 학파는 모두가 윤리적 주관주의(ethical subjectivism)를 견지한다는 점에서는 유사하다. 이 관점에 따르면 개인의 주관적 선호의 충족을 극대화하고 사회를 보존하는 데 가장 효율적인 윤리규범들과 사회규칙들이야말로 옳고 진보한 것들이다. 따라서 이들의 윤리설은 공리주의적이며 결과주의적(consequentialist)이다. 하지만 노직, 랜드, 호스퍼스의 자유주의는 反공리주의적이며 反결과주의적이다. 그들의 자유주의는 결과주의적 자유주의와 달리 자연법(자연권)적 전통에 입각해 있다. 노직과 랜드의 최소국가론과 호스퍼스의 무정부적 자본주의론(anarchro-capitalism)은 모두 인간의 본성과 결합되거나 그로부터 연역된 근본적 권리개념으로부터 정당화된다.[8]

이런 큰 차이점들에도 불구하고 이들 모두는 자유주의 사회에서 시장의 중심성과 정부의 제한성 또는 최소성(극단적으로는 무정부성)을 강조한다는 점에서 시장 우선적 자유주의의 범주로 묶을

---

7 이처럼 국가개입을 반대하는 시카고 학파와 오스트리아 학파의 공통된 입장은 그 입장을 정당화하는 근거와 방법에 있어 근본적인 차이를 전제하고 있다. 하지만 이런 근본적인 철학적 차이에도 불구하고 구체적인 사회이론과 경제이론 수준에서는 유사한 주장을 하고 있는 바, 시장 우선적 자유주의자들 사이의 공통성은 실로 다양하면서도 의미심장한 차이점을 전제하고 있다.

8 예컨대 국가개입에 대한 그들의 반대 입장은 인간의 본성이 '선험적으로' 개인의 권리를 규정하기 때문에, 국가의 강제를 통해 개인의 권리를 침해하는 것은 개인의 자기실현의 기회를 부정하는 것과 같다는 논리에 입각해 있다. 따라서 그들의 이론은 시카고 학파와 오스트리아 학파의 결과주의와 확연히 구분되는 권리중심적(rights-based) 자유주의에 속한다.

수 있다. 그런데 이들을 시장 우선적 자유주의라는 공통 범주로 묶어 분류·검토하는 것이 의미가 있는 까닭은 현대의 자유주의 사회 속에서 시장이라는 제도가 차지하고 있는 중요한 위상 때문이다. 현대 자유주의 사회에서 시장과 민주주의라는 두 제도가 차지하고 있는 중요한 위상을 두고 볼 때, 민주주의보다 시장의 우선성을 강조하고 있는 그들의 공통점은 이와 같은 차이점들보다도 더 큰 의미가 있다. 그들이 시장제도를 정당화하기 위해 채택하고 있는 철학적 전제와 논리가 어떤 차이를 보이든 그것들은 자유주의 질서에서의 시장의 근본적 중요성을 정당화하기 위한 상보적相補的인 논리들로 볼 수 있다. 시장 우선적 자유주의를 정당화하는 다양한 논리적 근거들의 존재는 그만큼 시장 우선적 자유주의의 설득력과 매력을 부각시켜줄 수 있다.

(1) 노직(Robert Nozick)과 호스퍼스(John Hospers)

시장 우선적 자유주의자들의 윤리적·철학적 입장이 어떠하든 그들이 모두 민주주의보다는 시장의 중요성을 강조하고 있다는 사실은 주지한 바다. 그런데 이 점은 그들이 가장 근본적인 것으로 간주하고 있는 권리들의 목록을 검토해보면 비교적 쉽게 확인할 수 있다. 예를 들어 노직의 자유지상주의는 세속화된 로크의 자기소유권(self-ownership) 개념을 기본전제로 삼고 있다. 이 자기소유권은 개인이 자기 자신의 몸과 노동에 대한 절대적인 권리를 소유한다는 신념을 표현한 것이다. 호스퍼스(J. Hospers) 또한 '생명에 대한 권리(the right to life)' 곧 자기소유에 대한 권리가 자유지상주의의 이론적 전제임을 확실히 하고 있다.

> 자유지상주의라 불리는 정치철학은 모든 개인들은 자기 자신의 생명의 소유자라는 것, 그리고 어느 누구도 타인이 지닌 생명의 소유자가 아니라는 원칙이다. 그리고 그 결과로서, 스스로의 선택에 따라 행위할 수 있는 타인의 동등한 자유를 침해하지 않는 한 모든 인간은 자신의 선택에 따라 행위할 수 있는 권리를 갖는다는 원칙이다(1974, 24).

이 자기소유의 권리는 인간의 가장 근본적인 권리로서 '매우 강력하고 폭넓은' 다른 권리들의 근거가 된다. 개인들은 자기소유의 기본권에 입각하여 자신의 몸에 지닌 모든 자연적 자산들—재능과 노동의 능력 등—에 대한 권리를 갖게 되며, 타인의 동등한 자유를 침해하지 않는 한 자신의 자산을 자유롭게 사용할 수 있는 권리와 그로부터 발생하는 모든 것들에 대한 권리를 갖는다. 사유재산권 및 소득과 부에 대한 권리는 개인들이 자신의 자산을 자유롭게 사용할 수 있는 자유에 대한 권리로부터 발생한다. 그러나 사유재산권이 비록 생명과 자유에 대한 기본권으로부터 파생된다고는 하지만 사유재산권이 없을 경우 개인의 생명과 자유에 대한 기본권은 사실상 무의미하거나 별 가치가 없게 된다. 따라서 노직과 호스퍼스와 같은 자유지상주의자들에게 사유재산권은 생명과 자유에 대한 권리에 못지않은 절대적인 권리로서 간주된다. 예컨대 호스퍼스는 "재산권은 절대적으로 기본적이다"라고 강조하고 심지어 다른 기본적 자유인 "언론의 자유마저도 이 재산권에 의해 제한된다"라고 주장한다(1974, 26-27).

노직의 정의에 대한 자격이론(the entitlement theory of justice)은 바로 이와 같은 권리이론에 입각하여 정당한 소유권이 발생하는 적합한 자격이 무엇인지를 제시한다. 노직의 정의이론이 자격이론으로 불리는 것은 정당한 부의 분배를 규정하는 원리가 필요(need)나 능력(merit) 혹은 공과(desert)와 같은 전통적인 기준이 아닌 '자격(entitlement, 또는 권리)'이기 때문이다. 노직은 정당한 재산소유의 기준은 사람들이 재산을 소유하게 되는 방법, 다시 말해 관련 소유물에 대해 적절한 자격(권리)을 갖추었는가에 따라 결정된다고 본다. 어떤 사람이 기본적인 필요도 충족시킬 수 없는 절박한 상황에 있다든지 어떤 사람이 대단히 재능이 있다든지 하는 사항들은 사회적 부와 자원을 정당하게 소유하기 위한 궁극적인 기준이 될 수 없다. 최종적으로 소유의 정당성은 특정한 대상을 소유할 수 있는 적합한 자격이 있느냐에 따라 결정되기 때문이다.

노직은 재산과 부에 대한 권리를 주장할 수 있는 적절한 자격으로 '정당한 획득'과 '정당한 이전移轉'을 제시한다. 만일 어떤 개인이 소유한 부가 정당하다고 인정되는 획득절차에 따라 발생했거나 개인들 사이의 동의에 따라 정당하게 이전된 결과로 형성된 것이라면 전적으로 정당한 것이다. 이와 같이 정당한 획득과 이전 절차에 따라 형성된 개인의 부를 보다 평등한 사회를 위해 국가가 강제적으로 재분배하는 것은 강도의 강탈행위나 다름이 없는 것으로 간주된다. 개인들이 누리는 다양한 권리들—특히 재산권—은 소유할 정당한 자격이 있는 개인의 소유물을 국가가 강제적으로 재분배하는 것을 막는 측면제약(side-constraints)으로 작용한다.

호스퍼스 또한 노직 이상으로 최소국가를 지지한다. 그에 따르면 정부는 인간이 알고 있는 가장 위험한 제도이다(1974, 29). 전 역사를 통해 정부는 어떤 개인이나 집단보다도 개인의 권리를 더 많이 침해해 왔다. 따라서 "주의하라. 정부는 무장되어 있고 위험하다"는 주의를 잊지 말아야 한다고 경고한다. 정부에 위임된 유일한 역할은 개인들을 타인의 침해로부터 보호하는 것이다. 정부가 개인에 대한 공격을 주도하거나 공격해서는 안된다. 정부의 역할은 무력을 사용하는 개인들에게 보복적인 무력행사(retaliatory use of force)로 위협함으로써 개인들의 생명과 재산을 보호하는 것이다. 호스퍼스는 오늘날의 중요한 사회적·경제적 이슈들에 대해 일관된 자유지상주의적 대답이 가능하다고 확신한다.

> 정부가 도움이 필요한 사람들을 도와주고 사회보장을 제공하며, 최소임금을 법률로 정하고 가격을 결정하며, 임대료의 상한선을 정하고 독점을 금지시키며, 관세를 정하고 직업을 보장하며 화폐의 공급을 관장하는 역할을 해야 하는가? 이러한 모든 질문들에 대해 자유지상주의자들은 모호한 부정으로(with an equivocal no) 대답한다(1974, 29).

자유주의자들이 '아니다(no)'라고 비난하지만 'no'라는 대답 앞에 '모호하다'는 형용사를 붙인 이유는 아마도 다음과 같은 비난, 즉 "그렇다면 당신들은 사람들이 굶주리도록 놔둘 것인가?"하는 비난을 예상하고 그에 대해 다음과 같은 대답을 할 것이라 생각하기 때문이다. 즉 정부의 각종 규제가 해제될 경우 경제가 더욱 번창하고 새로운 기업들이 생겨나서 더욱 더 많은 소비자들의 필요가 충족될 수 있다고 확신하기 때문이다. 자유지상주의자들은 대부분의 경제규제가 해제되면 복지주의자들이 정부를 통해 해결하려는 대부분의 문제들이 자동적으로 해결될 것이라 믿고 있다.

그런데 이상의 설명에서 확인할 수 있는 흥미 있는 사실은 노직과 호스퍼스의 권리에 대한 논의 속에는 민주적 정치과정에 적극적으로 참여할 수 있는 자격으로서의 정치적 권리에 대한 논의가 발견되지 않는다는 사실이다. 자유주의적 질서를 정당화하기 위한 노직과 호스퍼스의 주장 속에는 개인의 인신(人身)에 대한 절대적인 권리와 그로부터 파생된 '시장 경제'에 자유롭게 참여할 수 있는 경제적 권리들 및 그것들을 뒷받침할 수 있는 법치주의적 '최소국가(minimal state)'에 대한 옹호로 채워져 있다. 아마 노직과 호스퍼스 역시 자유주의 사회의 또 다른 핵심 제도인 민주주의 정치과정에 참여할 수 있는 '제한된' 개인의 권리를 부인하지는 않을 것이다. 하지만 자유로운 경제적 교환관계에 필요한 절대적인 권리들에 대한 옹호와 그것들을 보호하는 것을 주된 임무로 삼고 있는 '최소국가' 사이에서 집단적인 공적 결정을 내리는 민주적 정치과정이 어떤 의미 있는 역할을 할 수 있을지는 의문으로 남아 있다.

개인의 자기소유권과 정당한 방법으로 획득한 재산에 대한 권리는 모든 사회구성의 기본적 전제이다. 그러므로 민주적인 정치과정을 통해 그 권리들을 제약하고 통제할 수 있는 방법을 모색하는 것은 애초부터 생각하기 어렵다. 따라서 노직과 호스퍼스의 경우 민주주의는 개인의 소유권을 전제로 확립된 시장질서의 절대성을 침해하지 않는 범위 내에서만 수용된다. 따라서 그들이 수용하는 민주주의 형태는 개인의 소유권과 경제적 권리들을 가장 중요한 기본권으로 포함하고 있는 법치주의적 민주주의 형태, 곧 대의제 재생산을 위한 선거메커니즘의 성격을 띨 가능성이 크다. 만일 민주주의의 의미를 확장시켜 공동체의 공존방식과 경제체제까지도 결정할 수 있는 포괄적 참여라는 의미로 이해한다면 그것은 노직과 호스퍼스의 민주주의 개념과는 근본적으로 다른 것이 될 것이다.

(2) 로쓰바드(Murray N. Rothbard)

시장경제의 절대성 혹은 중요성을 강조함에 있어 로쓰바드는 노직과 호스퍼스의 입장보다 훨씬 더 과격하다. 그는 그의 대표작인 『인간, 경제 그리고 국가*Man, Economy, and State*』(1962)의 결론 부근에서 자유시장과 강제개입의 상반되는 결과를 극명히 대비시킨다. 시장이 혼란스럽고 무정부적인 것처럼 보이는 반면 정부의 개입행위는 시장의 무정부적 혼란에 질서와 공동체적 가치를 부여하는 것같이 보이지만, 인간행동학(praxeology)으로서의 경제학이 보여주는 바는 완전히 그 반대라는 것이 로쓰바드의 생각이다. 그는 자유시장과 정부개입의 직접적이고 명백한 결과들과 간접적이며 은근한 결과들을 구분하여 분석·비교한다. 먼저 (시장에서의) 자발적인 교환행위의 직접적이고도 분명한 효과는 교환의 당사자들 모두에게 상호 이익을 준다는 점이다. 자유시장으로 알려진 자유로운 교환망의 은근한 효과는 생산자원을 배분하고 가격을 결정하며, 경제체제를 모든 소비자들의 욕구를 최대한 충족시켜 줄 수 있도록 이끌어간다(1962, 880). 다시 말해 자유시장은 모든 시장참여자들에게 이익과 자유를 주는 동시에 사회질서를 빚어내는 전능하면서도 효율적인 도구로 작용한다.

반면에, 국가의 개입과 강제는 그와는 정반대의 결과를 초래한다. 강제는 직접적으로는 한 쪽을 희생하는 대가로 다른 한 쪽에게 이익을 안겨다준다. 다시 말해 강제적 교환은 시장과 반대로 인간에 의한 인간의 착취를 초래한다. 게다가 그것은 비효율적이고 혼란스러우며 생산을 기형화하면서 더 많은 문제들을 양산해낸다. 겉으로 보기에 질서정연한 것 같은 강제적 개입행위는 착취적일 뿐만 아니라 심각한 무질서를 창출해낸다(1962, 880). 이와 같은 비교분석에 입각하여 로쓰바드는 인간행동학으로 정의되는 경제학의 주요 목표는 자발적인 자유시장이 가져다주는 질서, 조화 및 효율성에 대해 국가의 강제행위가 초래하는 무질서와 갈등 그리고 심각한 비효율성을 극명히 대비시켜 보여주는 것이라고 정의한다(1962, 880). 이와 같은 로쓰바드의 입장은 오스트리아 학파의 전통을 잇는 것으로 특히 미제스(Ludwig von Mises, 1881~1973)의 영향을 입은 것이다.

로쓰바드는 또 다른 만년의 주저 『자유의 윤리』(1998)에서 시장질서의 절대적 우월성에 대한 믿음과 자연법 및 자연권 사상을 결합시켜 시장질서의 기초인 소유권 개념을 정당화한다. 그는 재산권의 정당성은 국가의 법령과 상관없이 수립된다고 강조하고 국가에 의한 어떠한 조세부과도 비도덕적이라 주장한다. 왜냐하면 그것은 개인의 정당한 재산소유를 강제로 압수하는 것이기 때문이다.

주지하듯이 로쓰바드는 재산소유의 정당성을 객관적인 자연법 윤리에서부터 도출해내는데, 이 자연법 윤리의 존재는 인간의 본질적인 특성(the essential nature of man)에서 연역해 낼 수 있다고 주장한다(1998, 23). 로쓰바드에 있어 인간의 가장 근본적인 특징은 '자유의지'를 갖고 있다는 데 있다(1998, 31). 동물이나 사물과 달리 인간은 사고하고 생각할 수 있는 합리적인 존재로서 삶의 목적을 선택하고 그 실현을 위해 수단을 사용할 수 있는 존재이다. 개인의 모든 선택은 주관적이지만 인간의 객관적인 특징들은 개인들이 서로를 대하는 방식을 결정한다. 개인의 자유를 침해하는 것은 삶과 지식과 자유에 필수적인 것을 훼손하는 것이다. 왜냐하면 자유가 없다면 인간은 자신의 능력을 다 계발할 수 없기 때문이다. 게다가 인간은 본성적으로 자유롭고 그 자유의 행사는 필히 결과의 불평등을 초래하기 때문에, 강제적으로 평등을 성취하려는 시도는 인간의 자연적 자유를 부인하는 결과를 낳는다.

자신의 의지와 노력에 따라 무한정 재산을 늘릴 수 있는 로빈슨 크루소의 경우로부터 복수의 사람들 사이에서 발생하는 자발적 교환관계에 대한 분석으로 나아가면서 로쓰바드는 소유권(the right to ownership) 개념을 확립한다(1998, 4-43). 로쓰바드는 자발적인 교환상태에서 사실상 교환되는 것은 단순히 상품이 아니라 상품에 대한 소유권이라고 주장한다(1998, 36). 상품의 소유권은 로크의 노동가치설과 자발적인 교환관계를 통해 수립된다(1998, 39). 재산권의 궁극적인 기초는 노동의 원천인 자기 자신(oneself)에 대한 소유권과, 노동을 통해 개발하여 생산에 투여한 토지가 된다. 이렇게 보면 자유시장은 특화된 생산자들 사이의 자발적이고도 상호이익이 되는 소유권의 교환관계가 이루어지는 사회라고 규정할 수 있다(1998, 40).

로쓰바드는 인간의 노동서비스(labour service)를 인간의 의지와 달리 양도할 수 있는 상품으로 간주한다. 하지만 인간의 본성상 자기 자신과 의지는 팔 수 없다고 본다. 왜냐하면 '자발적인 노예(voluntary slave)'란 자유로운 인간의 본성과 모순되기 때문이다. 주인에게 '자발적으로' 복종하는 한 노예는 최소한 자신의 의지에 따라 행위하고 있는 것이므로 완전한 노예는 아니다.

로쓰바드는 이와 같은 재산권과 자유시장 개념에 입각하여 '순수한 자유의 체제(the regime of pure liberty)' 혹은 '자유지상주의적 체제(libertarian regime)'에 대해 다음과 같이 정의한다.

[그 체제는] 어떠한 소유권도 '분배되지' 않는 사회, 다시 말해 인신과 물건에 대한 개인의 재산권이 어떤 다른 사람에 의해서도 방해받거나 침해되거나 간섭받지 않는 사회라고 말할 수 있다. 그러나 이것은 사회적 의미에서의 '절대적 자유(absolute freedom)'는 고립된 로빈슨 크루소뿐만 아니라 어떤 사회의 사람들도 누릴 수 있다는 것을 의미한다. 아무리 복잡하고 발전한 사회의 사람들일지라도 말이다. 모든 사람들이 크루소처럼 절대적인 자유—순수한 자유—를 누린다면 그들의 (인신과 물건에 대한) '자연적으로' 소유된 재산은 타인의 침해나 간섭으로부터 자유로운 것이다. 물론 자발적인 교환관계로 이루어진 사회에 있기 때문에 각 사람들은 크루소 같은 고립 속에서 자유를 누리는 것이 아니라, 문명과 조화, 사교와 높은 생산성의 환경 속에서 자신의 동료들과 재산권을 교환하면서 그런 자유를 누린다. 그러므로 절대적 자유는 문명의 도래에 대한 대가로 우리가 포기할 필요가 없다. 인간은 자유롭게 태어났으며 결코 쇠사슬에 얽매일 필요가 없다. 인간은 자유와 풍요, 자유와 문명을 성취할 수 있다(1998, 41).

로쓰바드는 인간을 위한 윤리의 기초로서의 자연법은 물리적인 자연법칙처럼 시공간을 초월하여 존재하며 단일하고 보편적이라고 강조한다(1998, 42-43). "자유의 사회(the society of liberty)는 모든 인간에게 시공간을 초월하여 동일한 기본규칙을 적용할 수 있는 유일한 사회이다."(43) "만일 어떤 사람과 집단이 타인과 다른 집단들을 강제적인 규칙으로 지배하는 현상이 발생한다면 만인에게 동일한 규칙을 적용하는 것은 불가능하게 될 것"이기 때문에, "지배자가 없는 전적으로 자유지상주의적인 세계만이 자연권과 자연법의 조건들, 혹은 더 중요하게는, 모든 인류를 위한 보편적 윤리의 조건을 완성시킬 수 있을 것이다"고 주장한다(43).

사실 이와 같은 로쓰바드의 주장 속에는 국가가 설 수 있는 자리가 없다. 강제기구인 국가는 필히 개인의 자유를 침해한다. 아무리 '최소국가'라 해도 소수에 대한 다수의 지배가 행해지면 개인의 자유로운 교환행위에 대한 국가의 '최소한도의' 간섭과 강제가 행해질 것이다(1998, 164, 168). 로쓰바드의 '자유의 체제'에서는 아무리 민주적인 국가라 해도 정당한 제도로 인정받을 수 없다(1998, 187). 그에 있어 "국가는 신민들의 인신과 재산에 대해 체계적으로 조직화된 범죄를 저지르는 정당하지 못한 조직적인 침탈 제도이다."(187) "국가는 反사회적 도구로서 자발적인 교환관계와 개인의 창의성 그리고 노동분업을 왜곡시킨다." 로쓰바드는 국가와 사회를 구분·대립시키고 인간의 역사는 국가권력의 부정적인 역할―자발적이고 생산적인 사회과정에 대한 왜곡―과 사회권력의 긍정적인 역할―평화롭고 자발적인 생산과 창의성―을 보여주었다고 주장한다(1998, 188). 그리하여 국가는 "인간의 본성상 결코 필요하지 않다"고 주장하며 '무정부주의적 자본주의'를 지지한다(188). 국가와 민주주의―국가의 공적인 문제를 처리하는 절차적 과정 및 제도―에 대한 로쓰바드의 거부는 그의 '자유의 체제' 속에서 어떠한 정치적 권리도 언급되지 않은 사실에 의해 확인된다. 그의 '자유의 체제' 속에서는 인신을 포함한 재산과 경제적인 활동에 대한 자연적 권리들만 강조되고 있을 뿐 민주적인 참여의 권리는 아예 거론조차 되지 않는다.

물론 '자유의 체제'의 성격상 모든 개인들은 평등한 도덕적 지위를 갖는 것으로 이해할 수 있기 때문에 로쓰바드의 이상사회 자체가 민주적이라고 주장할 수도 있다. 하지만 토크빌이 19세기 초반·중반기의 미국사회를 규정했듯 민주주의를 평등주의적 문화 형태로 이해하지 않는 한, 로쓰바드의 이상사회 속에서는 민주주의적 권리들에 대한 어떠한 언급도 발견할 수 없다. 요컨대 그의 무정부주의적 자유지상주의는 민주주의 없는 시장사회를 지향하는 것이라고 할 수 있다.

(3) 랜드(Ayn Rand)

또 다른 권리중심적 자유지상주의자인 랜드(1905~1982)의 이론은 노직의 입장과 로쓰바드의 입장을 결합시킨 형태로 이해할 수 있다.[9] 랜드는 1960년대에 『이기성의 미덕The Virtue of Selfishness』(1964)과 『자본주의: 미지의 이상Capitalism: The Unknown Ideal』(1967)을 통해 '자본주의 윤리(the ethics of capitalism)'를 널리 알리

---

9 이 말은 랜드의 이론이 노직과 로쓰바드의 이론을 결합시킨 결과라는 뜻은 아니다. 사실 랜드는 60년대 초에 누구보다도 빨리 소설과 에세이를 통해 자유지상주의를 널리 알렸다.

는 데 크게 기여한 여류 소설가 겸 철학자이다. 그는 국가의 부분적인 역할을 인정하여 '최소국가' 형태를 옹호한 점에서는 노직과 비슷하나, 인성人性에 대한 논의에 입각하여 국가의 개입주의를 반대했다는 점에서는 로쓰바드의 입장과 유사하다.

랜드에 따르면 19세기에 급부상했던 정치경제학은 유럽의 전통적인 집산주의(collectivism)적 요소들—예컨대 자원은 공동체의 소유라는 인식과 이타주의적 윤리—을 당연한 것으로 받아들이고 있었기 때문에 인간은 자유롭고 독립적인 존재라는 인식을 제대로 발전시킬 수 없었다(1967, 12). 랜드는 사유재산이라는 '법적인' 관념은 자본주의에서만 발생할 수 있다고 지적하고, 자본주의를 그 이전의 어떤 체제보다도 월등하게 만들었던 요소가 바로 '자유'였음을 강조한다(1967, 14). 랜드는 인류가 하나의 실체나 유기체가 아니라 자유롭고 독립적인 개인으로 존재한다는 것을 강조하는 한편 정치경제학은 경제의 생산주체인 인간 자신의 본성에 대한 탐구로부터 시작해야 한다고 주장한다(1967, 15). 그는 사회를 먼저 탐구해서는 인간에 대해 알 수 없지만, 인간을 먼저 탐구할 때는 사회에 대해서도 많은 것을 배울 수 있다고 확신하며 방법론적 개인주의를 채택한다. 기존의 정치경제학은 개인을 경제방정식에 꿰맞춤으로써 인간과 사건을 바라보는 이중적 기준 혹은 양면적 시각을 채택하게 되었다고 비판한다. 다시 말해 제화공을 볼 때는 제화공들이 생계를 유지하기 위해 일한다고 생각하지만 정치경제학자로서는, (공동체주의적인) 집단주의적인 전제에 따라 제화공의 노동목적이 사회에 구두를 제공하기 위한 것이라고 생각한다는 것이다. 랜드는 다음과 같이 진술한다.

> 일반인으로 길을 가다가 길거리에서 거지를 보았을 때 그들은
> 그 거지를 쓸모없고 무책임한 인간으로 본다. 하지만 정치경제
> 학자의 입장에서 보면 그 거지들을 주권적 소비자로 간주한다.
> 일반인으로서 그들은 모든 재산은 국가에 속한다는 공산주의
> 이론에 접했을 경우 진심으로 완강히 그것을 거부하며 죽기까
> 지 공산주의와 싸워야 한다고 공언할 것이다. 그러나 정치경제
> 학자로서 그들은 "부를 공정하게 재분배해야 할" 정부의 의무
> 에 대해서 말하는 한편으로 사업가를 국가 자연자원의 가장 유
> 능하고 효율적인 수탁자라고 주장한다(1967, 15-16).

랜드는 이처럼 집산주의적인 윤리에 물들어 있는 전통적인 정
치경제학의 모순을 지적하는 한편으로 정치경제학은 다른 여타의
생물들과 구분되는 인간의 본질적 특징을 확인함으로써 새롭게
출발해야 한다고 주장한다. 그리하여 합리적 능력(rational faculty)
을 인간의 가장 중요한 본질적 특징으로 제시한다(1967, 16). 인간
은 생존을 위해 자신의 본성에 따라 지적인 기능인 이성을 활용하
며 그 결과에 따라 성공도 하고 실패도 한다. 인간이 지식을 얻을
수 있고 많은 것을 성취할 수 있는 것도 그가 개인으로서 가지고
있는 이성적 기능 때문이다.

랜드는 인간의 합리적 본성에 대한 사회적 승인의 결과가 바로
개인의 권리(individual rights)로 구체화된다고 본다(1967, 18; 1961,

108-117). 개인의 권리는 "사회적 맥락에서 인간적 행위의 자유를 규정하고 승인하는 도덕원리"로서, 합리적 존재인 인간의 본성에서 도출되는 특별한 생존양식의 조건이라고 할 수 있다"(1967, 18; 1964, 111). 랜드는 생명에 대한 권리가 재산권을 포함하는 모든 권리의 원천이라고 보지만 재산권 보장이 없는 생명권은 거의 무의미하다고 생각한다(1967, 18: 1964, 110).

> 정치경제와 관련하여 이 마지막 것(재산권)은 특별히 강조할 필요가 있다. 인간은 생명을 부지하기 위해 일하고 생산해야만 한다. 그는 자신의 노력과 이성의 지도 하에 자기의 생명을 지탱해야 한다. 그가 자신의 생산물을 마음대로 처분할 수 없다면 자기의 노력을 마음대로 할 수 없는 것과 같다. 그리고 자기의 노력을 마음대로 할 수 없다면 자기의 생명을 마음대로 할 수 없는 것과 같다. 요컨대 재산권이 없다면 어떤 다른 권리들도 누릴 수 없다(1967, 18).

랜드는 인간의 본성과 그로부터 연역한 재산권에 입각하여 이에 적합한 사회체제를 탐구한다. 그가 의미하는 바의 사회체제는 일군의 도덕적·정치적·경제적 원리들을 말하는데, 이 원리들은 사회의 법률과 제도 그리고 정부에 구현되어 있으면서 일정한 지리적 환경 속에서 살고 있는 사람들 사이의 관계와 결사의 조건을 결정한다(1967, 18). 개인들의 권리가 존중되는 사회체제는 개인들이 서로를 자유롭고 독립적인 존재로서 그리고 목적으로서 간주하는 사회로서, 개인들이 자신의 인신과 정신, 자신의 삶과 일 그리고 생산물들을 모두 소유하는 주권자로 존재하는 곳이다. 랜드는 자본주의체제야말로 재산권을 포함한 개인의 모든 권리들이 승인되고 있는 유일한 사회체제라고 본다(1967, 19). 다시 말해 자본주의야말로 인간의 본성에 대한 형이상학적인 사실—생존과 이성사용의 연계성—을 보호하고 승인하는 유일한 사회체제이다.

자본주의 사회에서 모든 인간관계는 자발적이다. 자본주의 사회의 개인들은 이성을 통해 토론하고 설득하며 합의계약하면서 서로에게 이익이 되는 호혜적인 선택을 한다(1967, 19). 모든 사회에서 가장 중요하게 간주되는 권리들 중의 하나는 합의할 수 있는 권리가 아니라 합의하지 않을 수도 있는 권리인데, 이 합의하지 않을 수도 있는 권리를 보호하고 실행할 수 있도록 해주는 토대가 바로 사유재산제도다. 이 사유재산제도는 인간의 가장 가치 있는 능력인 '창조적인 정신'의 물꼬를 터주는 핵심적인 역할을 한다. 랜드는 사회체제의 특징은 그 체제의 '창조적 정신'이라 할 수 있는 철학의 진화와 밀접한 연관성이 있다고 보고, 철학의 4분과에 조응하는 자본주의의 4가지 핵심요소들을 다음과 같이 정리한다: 형이상학적으로는 인간본성의 요소들과 생존; 인식론적으로는 이성; 윤리적으로는 개인의 권리; 정치적으로는 자유.

랜드는 이상과 같은 논리에 입각하여 유럽의 복지주의적 개입국가와 미국 사회의 집단주의적 정책들을 비판하고 개인의 재산권과 자유로운 교환의 권리를 유일한 '경제적 권리'들로 보호하는 노직과 같은 '최소정부'를 지지한다(1964, 112-117, 125-140).

물리적인 폭력으로부터 개인들의 재산권과 정신의 자유를 안전하게 지켜주기 위해서는 '객관적인 규칙들의 법령' 하에 개인들의 권리를 보호해주는 제도가 필요한데 정부가 바로 그런 임무를 수행한다(1967, 127). 그런데 이런 임무를 수행할 수 있는 정부의 권위는 '피치자들의 합의'에서 유래한다. 이것은 정부가 시민들의 통치자가 아니라 그 종복임을 의미한다(1967, 129). 정부는 시민들이 특수한 목적을 위해 정부에게 위임한 권리들을 제외한 어떤 다른 권리도 가질 수 없다. 정부의 유일하게 정당한 임무는 본성상 자유롭고 독립적인 개인들을 서로의 물리적 폭력으로부터 보호해주는 것이다.

　그런데 랜드가 제시한 권리체계에서 알 수 있듯이 랜드의 이상사회에서는 민주적인 참여의 권리가 전혀 언급되지 않는다. 그의 이상사회에서는 생명에 대한 권리와 그로부터 파생된 가장 기본적 권리인 재산권이 가장 핵심적이며 근본적인 제도적 토대가 되고 있다. 정치적 자유로서 언론과 사상의 자유를 언급하고 그것을 침해하지 말아야 할 정부의 의무를 강조하고 있을 뿐 더 이상의 정치적 권리들에 대해서는 일체 언급을 하지 않는다. 랜드는 정치사회의 목적은 생명을 보존하고 노동과 거래로부터 얻은 재산을 안전하게 지키는 것이라 생각하기 때문에 재산권이 어떤 사회적 결정절차—예컨대 민주적인 정치과정—에 의해 그 정당성을 인정받는다고 보지 않는다. 그것은 민주적인 정치과정을 통해 도출한 사회적 결정에 의해서도 제약될 수 없는 사회구성의 가장 근본적인 이유이기 때문이다. 재산은 그것이 어떻게 형성되는가에 따라

정해지는 것이지 어떤 집단적인 정치적 결정에 의해 결정되는 것이 아니다. 랜드에게 재산은 인간의 생존을 위한 기능적 필요조건이므로 어떠한 집단적인 사회적 목적들—예컨대, 공동선이나 사회복지—이나 집단적인 정책결정방식에 의해서도 결코 약화되거나 제약되어서는 안 되는 것이다.

(4) 하이예크(Friedrich August von Hayek)

시장 우선적 자유주의의 표준적인 주장은 오스트리아 학파의 대표자들 중 한 사람인 하이예크(1899~1992)의 저술 『법, 입법 그리고 자유*Law, Legislation and Liberty*』(1982)와 『자유의 헌법*The Constitution of Liberty*』(1960)에서도 분명히 표현되고 있다. 그에 의하면 자유로운 사회는 근본적으로 다음과 같은 세 가지 통찰에 바탕을 두고 있다(1982, 2). 첫째, 자기발생적(self-originating) 혹은 자발적(spontaneous) 질서는 조직(organization)과 다르며, 조직과는 다른 종류의 규칙이나 법칙에 관계된다. 둘째, 오늘날 일반적으로 '사회적 정의' 혹은 '분배적 정의'로 간주되는 것은 오직 '조직' 내에서만 의미를 가질 뿐, 아담 스미스가 '위대한 사회'라고 불렀던 자발적인 질서(사회)와는 양립하기 어렵다. 셋째, 오늘날 가장 유행하고 있는 자유민주주의의 한 가지 형태이면서 무제한적인 정부이기도 한 대의민주주의 하에서는 자발적 질서가 점차 전체주의 체제로 타락해간다. 왜냐하면, 대의체제하에서는 소수로 구성된 대의체(representative body)가 정의로운 행위에 관한 규칙들을 제정할 것이고 정치를 지도할 것이기 때문이다(1982, 2-3). 이처럼 하이예크는 개인적 자유에 대한 철저한 지지자로서 개인적 자유의 완전한 보장이야말로 사회발전의 유일한 길이라고 주장한다.

물론 하이예크는 개인은 자신의 이익을 합리적으로 추구하는 존재라는 자유주의적인 인간관을 그대로 받아들인다. 하지만 그는 그와 같은 합리적인 개인이나 집단들의 계획에 의해 사회가 발전적으로 진화한다고 보지는 않는다. 사회가 진화하는 것은 계획적으로 행위하는 수많은 개인들 사이의 상호작용이 예측불가능하고 의도하지 않았던 결과를 산출함에 의해서이다(사회의 자발적 진화). 하이예크는 자유로운 개인들 간의 상호작용으로 결합된 시장이 계획경제와는 비교할 수 없을 정도의 최상의 결과를 가져오는 이유를 인식론적인 차원에서 설명한다(1982, chapter 1). 하이예크에게 시장은 경쟁하는 목적들에 자원을 효율적으로 할당하는 제도라기보다는, 모든 자원 중에서 가장 희소한 자원인 지식을 가장 경제적으로 활용하는 역할을 한다. 그에게 있어 시장은 사회 전체에 확산되어 있는 정보를 전달하고 동원시키는 발견의 과정, 곧 인식론적인 장치이다(Gray 1993, 69). 지식은 명제적 지식(propositional knowledge)처럼 이론화 혹은 수량화할 수 있는 것이 있는가 하면, 경제행위자들의 태도, 습관, 통찰력 속에 깃들어 있는 바와 같이 명제로 표현할 수도 없고 언어로써 이론화할 수도 없는 지식이 있다. 후자의 범주에 속하는 지식은 어떤 단일한 중앙의 계획기관에 의해 일일이 수집될 수도 계획에 반영될 수도 없는 부류의 지식이다. 그와 같은 종류의 지식은 시장의 '보이지 않는 손'에 의한 가격결정방식이 아니라면 도저히 반영해낼 수 없는 지식이다. 그러므로 사회주의 체제의 보편적인 빈곤화 현상은 사회의 모든 곳에 확산되어 있는 非명제적 지식을 수집할 수도 계산해낼 수도 없는 계획경제의 '인식론적 실패(epistemic failure)'에 기인하는 것이다.

이와 같은 '표현되지 않은 지식(tacit knowledge)'의 강조는 하이예크의 보수주의자로서의 측면과 결합되어 있다. 하이예크는 스스로를 보수주의자가 아니라고 주장하지만—그는 사회의 끊임없는 진화에 관하여 논하며, 인간은 합리적이며 자유로운 존재임을 누누이 강조하는 자유주의자이다—『자유의 헌법』 I부 2, 4장에서 문명의 성장을 위해서는 습관, 기량, 감정적 태도 그리고 제도와 같은 비합리적 요소가 필수적임을 강조하고 있다. 비록 우리의 행동에 깔려 있는 이와 같은 합리적이지 않은(non-rational) 요소들이 항상 성공으로 이끌어가는 것은 아니지만, "그것들은 우리의 의식적인 지식과 마찬가지로 성공적인 행위의 필수불가결한 토대인 것이다."(1982, 26) 이성은 그 자체로서는 극히 불완전하기 때문에 이와 같은 합리적이지 않은 요소들의 도움 없이는 결코 성공으로 나아갈 수 없다.

하이예크는 이와 같은 이유로 가능한 한 모든 영역에서 정부의 간섭과 역할을 최소화하려고 한다. 정부의 주요 목표는 시민들이 소비할 어떤 특정한 재화와 서비스를 산출하는 것이 아니라, 재화와 서비스의 생산을 규제하는 메커니즘이 잘 작동하는가를 살피는 것이다(Giddens 1994, 35-6). 국가는 시장경제에 간섭해서는 안된다. 정부는 아무리 숭고한 목적 때문이라도 일단 개입하게 되면 억압적이 되며 관료적 비효율성을 빚어내기 때문이다. 따라서 하이에크는 사회정의가 국가에 의해서 성취될 수 없으며 나아가서는 모순적인 결과를 가져온다고 본다(1982, 35-6). 그는 일부 복지제도들의 장점을 부인하진 않지만 복지국가의 한계는 명백하다고 본다. 복지국가는 가난한 자보다 부유한 자에게 더 많은 혜택을 주고, 거대한 관료주의적 비효율성과 억압성을 조장하며 수혜자들에게 수동적인 복지의존성을 만들어낸다는 것이다. 그러므로 국가의 역할은 자유시장경제의 경쟁을 보호하고 있는 법의 강력한 집행과, 외부로부터의 적의 공격과 같은 최소한도의 필수적인 의무만을 이행하는 것에 국한되어야 한다. 자유시장경제가 내포하고 있는 불평등과 또 그로부터 발생하는 다른 불평등들은 의도적인 분배자(intentional distributor)가 초래한 고의적인 불평등이 아닌 만큼 부정의한 것이 아니다. 불평등은 오히려 앞서가는 소수 엘리트들의 실험정신을 자극함으로써 장기적으로는 그 혜택을 자유로운 사회의 모든 구성원들이 누릴 수 있도록 해준다(echelon effect, 적하효과). 더 나아가서 시장은 이윤의 추구라는 단일한 원리에 의해 관철되고 있기 때문에 피부색, 신분 등과 같은 요소들을 전혀 고려의 대상으로 삼지 않는 바 정치적 편파성과 사회적 편견을 배제한다. 그것은 이기주의를 장려하는 것이 아니라 반대로 자유사회의 도덕적 건전성을 보장해준다.

지금까지 설명한 하이에크의 입장은 프리드만, 오크숏(M. Oakeshott) 등의 보수주의적인(우익적) 자유주의자들의 주장과 대체로 일치한다. 이들은 자유주의자들이면서도 인간의 이성이 갖는 한계를 잘 인식하고 있으며, 이성의 사용은 비합리적인 문화적 맥락 혹은 전통 속에서만 가능하다고 생각하는 점에서 보수주의와도 일정한 연관성을 가지고 있다. 그러나 이들은 자유시장경제는 경제적 효율성을 극대화하는 질서일 뿐만 아니라 개인의 가치관과 이익의 자유로운 추구를 보장해줌으로써 민주주의의 굳건한 기초를 제공한다고 간주한다. 고전적인 자유주의자들은 시장에서의 자유를 타인과 국가로부터의 강제를 막아주는 구실을 하기 때문에—벌린(Isaiah Berlin, 1909~1997)의 소극적 자유— 옹호했었다. 그러나 하이에크를 비롯한 신자유주의자들은 시장이 개인들로 하여금 자신의 목적과 가치 그리고 이상을 자유롭게 추구할 수 있도록 해줌으로써 개인의 행복에 기여하기 때문에 적극적으로 옹호한다(Gray 1993, 14). 다시 말해 시장은 개인들에게 자율성과 자결自決의 자유를 제공함으로써 인간성을 표현하고 실현할 수 있도록 해주기 때문에 도덕적인 차원에서 정당화되는 것이다. 한마디로 시장은 곧 민주주의를 위한 도덕적 토대로서 정당화된다.

(5) 뷰캐넌(James Mcgil Buchanan)

버지니아 공공선택학파의 창시자인 뷰캐넌(1919~)과 털록

(Gordon Tullock, 1922~)은 미시경제학적 분석의 방법론적 개인주의(methodological individualism)를 원용하여 공무원들과 공공제도의 행태를 연구함으로써 정치학에 중요한 공헌을 한 것으로 평가받고 있다. 시카고 학파와 오스트리아 학파가 주로 경제학에 관심을 집중시켰던 데 반해 그들은 '자유사회(free society)'의 정치조직을 이해하는데 관심을 두었다. 그 결과 그들은 정부가 공익을 극대화하는 데만 관심을 갖는 외생적이고(exogenous) 중립적이며 전능한 기관이라는 전통적 인식을 근본적으로 흔들어 놓았으며, 관료들 자신 또한 익명의 대중들과 다른 목적을 추구할 수도 있는 합리적인(이익) 극대주의자들(rational maximizers)임을 보여주었다.

이들은 실질적인 정책적 측면에서는 시카고 학파나 오스트리아 학파와 매우 비슷하다. 하지만 중요한 한 가지 측면에서 이들—특히 하이예크—과 다르다. 하이예크는 자유로운 시장경제에 기여하는 법률과 제도들이 자발적인 방식으로 진화한다고 보았다. 하지만 뷰캐넌과 털록은 합리적인 설계(rational design)의 중요성을 강조하여 정부수립의 합리주의적·계약주의적 토대를 부각시켰다.

버지니아 학파의 고유한 정치철학을 확립한 뷰캐넌은 정치를 인도하는 어떤 객관적인 '진리'가 있다는 플라톤주의적 발상을 거부한다(Buchanan 1975, 1). 그는 정치를 개인적·집단적 차이를 조정해가는 하나의 과정으로 이해하고, 이상적인 무정부적 상황으로부터 개인들의 자발적인 상호동의에 의해 재산권과 시장경제 그리고 자본주의 질서가 형성되는 과정을 설명한다.

그는 먼저 '상호관용과 존중'의 규범을 반영한 최소한도의 행위규범을 지키고 살아가는 이상적인 세계를 그리는데, 이 세계에서는 개인들이 최소한도의 행위규범의 범위 내에서 자신의 일을 자유롭게 행하는 가운데 필요할 경우 다른 사람들과 자발적인 협력관계를 이룬다. 하지만 뷰캐넌은 곧 이상적인 무정부적 상황은 '개념적 신기루(conceptual mirage)'에 불과하다고 지적하는데, 그 이유는 이상적인 무정부적 상황에서는 개인 재산의 경계에 대한 상호동의가 아직 존재하지 않기 때문에 사소한 개인의 신체적 특징—예컨대, 긴 머리—마저도 분쟁의 소지를 제공할 수 있기 때문이다(1975, 3). 이에 따라 뷰캐넌은, 홉스적인 방법을 원용하여 자기이익의 극대화를 추구하는 개인들이 어떻게 일군의 재산권을 형성하게 되는가를 설명하는 흥미 있는 모델을 제시한다. 뷰캐넌에 따르면,

중요한 것은 경계를 규정하는 문제이다. 무정부상태는 사람들 사이의 경계가 사람들 사이에서 은연중 받아들여지거나 어떤 권위에 의해 부과되거나 강제되는 한에서만 작동한다. 사람들이 행할 수도 있는 활동들 속에 개인들 사이의 '자연적인' 경계가 없는 상황에서는 경계를 규정하는 구조(definitional structure), 다시 말해 개인들의 소유를 정해주는 구조의 필요성이 발생한다. 비록 그 구조 자체가 자의적인 것일지라도 말이다. 재산의 논리적 토대는 정확히 나의 것과 그대의 것의 경계를 나누어야 하는 보편적인 필요성에 있다. 지속적인 홉스적 갈

등세계로부터의 탈출은 어떤 것들을 할 수 있는 개인들의 권리를 명백히 정의할 때 가능하다.……어떤 것을 할 수 있고 또 다른 사람들이 어떤 것을 하지 못하도록 할 수 있는 일군의 권리들에 대한 제한이나 경계에 대한 규정이 없다면 개인들 자체가 존재한다고 보기 어렵다. 그렇게 규정된 경계를 갖고서야, 그런 경계들이 어디로부터 왔는가 하는 문제와 상관없이, 개인은 다른 개인들과 구분되는 독립적인 실재로서 존재한다. 일군의 권리를 가지고 있으면서, 그런 권리들을 인지하고 또 다른 사람들이 누리는 권리에 대해서도 알고 있을 때 비로소 개인은 다른 사람들과 동의를 하고 교환할 수 있는, 보다 일반적인 용어로 말해, 인간사회 속에서 자유로운 인간으로 행위할 수 있는 지위에 있게 된다(1975, 9-10).

재산권은 홉스적 자연상태에서처럼 희소한 자원에 대한 투쟁으로부터 발생한다(1975, 23-34). 홉스적 무정부상태에서는 적으로부터 자신을 방어하는 데 비용이 많이 들기 때문에 상호적인 무장해제 협약에 입각하여 교역을 하게 되면 언제나 이득을 볼 수 있다. 여기서 바로 국가의 필요성이 부각되는데 문제는 개인방어에 소요되는 많은 비용을 절감해주는 중립적인 정부형태를 구성하되 개인의 선호를 묵살해버리는 홉스적인 절대국가로 빠지지 않는 것이다(1975, 35-73, 162-165). 뷰캐넌에 따르면 홉스적인 절대국가의 가능성은 '보호적 국가(protective state)'가 계약에 의해 합의된 법률을 중립적으로 집행하지 않고 스스로 법률을 제정하고자 할 때, 그리고 계약에 의해 합의된 공공재의 생산에만 주력하지 않고 私경제에 광범위하게 개입하여 이른바 공공의 목적을 위해 개인들의 소득을 사용하려 할 때 발생한다(1975, 107-129).

뷰캐넌의 공공선택이론은 시장에서의 합리적 선택의 원리를 정치 영역에까지 확장 적용시키고자 한 시도이다. 그는 시장에서의 행위와 정치영역(제도)에서의 행위 사이에는 근본적인 차이가 없다고 간주한다. 그리하여 비용과 이익에 대한 타산적 계산에 따라 재산권과 집단적 의사결정규칙을 확립하는 '헌정구조 계약(constitutional contract)' 단계와, 헌정 테두리 내에서 사람들 사이의 교환과 거래가 발생하는 '그 이후의 계약(postconstitutional contract)' 단계를 설명한다. 이런 설명방식을 채택할 경우 사실 경제적 선택과 정치적 선택의 본질적인 차이가 없어진다. 경제적 영역에서의 선택은 합리적인 개인들의 이해타산에 따른 개인적인 거래와 교환으로 실현된다. 그리고 정치적 행위는 주로 재산권과 계약행위의 보호와 강제 그리고 공공재의 창출과 교환행위에 의해 완수된다. 뷰캐넌의 자유주의적 질서에서 민주주의는 재산권과 자유로운 교환행위를 근간으로 하는 헌정원리에 의해 철저히 제약된다(1975, 161-165). 뷰캐넌은 민주주의가 경제영역에 대한 정부의 과도한 개입과 재정지출을 초래하는 경향을 경계하면서 민주적인 정치과정이 전통적인 '견제와 균형'의 원리에 의해 절제되어야만 리바이어던 국가로의 전락을 막을 수 있다고 강조한다.

주지하듯이 뷰캐넌을 포함한 공공선택이론가들의 공통된 문제점은 시장적 행위와 정치적 행위의 차이점을 인지하지 않거나 인정하지 않으려는 것이다(R. Hardin 1997, 131-132). 경제적 선택행위는 그 영향이 자신에게만 미치는 대상들 사이의 선택행위이다. 반면에 정치적 선택은 자신뿐만 아니라 다른 사람들에게까지 광범위한 영향을 미치는 정책에 대한 선택이다. 그리고 정치를 '실천(praxis)'이라는 상호행위의 관점에서 이해할 경우, 정치는 시장에서의 상품매매를 통해 실현되는 개인적인 선호의 표현행위와 달리 '자기 현시적이고(self-revealing)' 개방적인 공적 활동으로 이해할 수도 있다(Arendt 1958). 하지만 뷰캐넌은 (민주)정치를 경제적 관계와 행위를 보조하고 지탱하며 경제적 관심에 의해 주도되고 제한되는 도구적·수단적·부수적 영역으로 간주하는 경향이 있다.

사실 무정부적인 상태로부터 최소국가로 나아가는 계약적 과정의 '자발적' 성격은 반드시 경제적 교환행위를 통해서만 표현되는 것은 아니다. 그것은 어떤 관계를 통해서도 표현될 수 있는 것으로 재산권에 대한 상당한 제약을 포함하는 민주적 의사결정 속에서도 실현될 수 있다. 그런 측면에서 보면 '자발성'을 주로 경제적인 측면에서 이해하는 뷰캐넌의 시각은 민주정치보다는 시장경제가 더 우월하다는 경제학자의 선입견에 사로잡혀 있는 것으로 볼 수 있다.

지금까지 살펴본 바와 같이 시장 우선적 자유주의자들이 시장제도의 필요성과 민주주의에 대한 시장제도의 상대적 중요성 혹은 우선성을 주장하는 근거들은 매우 상이하다. 어떤 이들은 결과주의적인 공리주의적 관점에서 또 어떤 이들은 인간의 본성으로부터 연역적으로 그리고 또 다른 이들은 자연권 및 자연법사상에 입각하여 사유재산제도와 시장경제의 중요성을 논증하고자 한다. 하지만 이런 차이에도 불구하고 그들은 모두 시장제도가 평화적이고 부유하며 민주적인 사회를 이룰 수 있는 필수불가결한 조건이라고 주장하는 점에서는 일치하고 있다. 그리고 그들의 이론에서 민주주의는 주로 최소주의적(minimalistic)인 성격을 띠고 있어서 보다 적극적인 민주주의 개념을 발전시킬 수 있는 여지가 없다는 점도 공통적이다. 그들의 자유주의 이론에서는 적극적인 민주주의 이론을 발전시키는 데 필요한 정치적 권리들에 대한 논의가 거의 발견되지 않는다. 그런 점에서 이들의 자유주의는 민주주의에 보다 큰 비중을 부여하고 있는 자유주의 이론들과 뚜렷이 대조된다.

5. 균형적 자유주의: 자유주의자들

 이 장에서는 경제적·도덕적 이유에서 시장을 철저히 지지하고 있는 시장 우선적 자유주의자들과 달리 민주주의 제도의 중요성을 시장과 대등하게 인정하고 있는 자유주의자들을 다룬다. 자유주의 국가의 시민들이 누려야 할 필수적인 기본권들 및 그 권리들이 도출되는 공정한 절차적 조건들에 대한 분석을 통해 민주주의와 시장제도의 관계를 검토해볼 것이다.

 대부분의 균형적 자유주의자들은 개인들의 재산권과 자유로운 경제활동 권리의 중요성은 물론 민주정치 과정에 참여할 수 있는 정치적 권리의 중요성도 아울러 강조한다. 그리고 자유로운 경제적 활동의 권리와 민주적 참여의 권리를 동시에 고려하고 있는 관계로 일방적으로 시장제도의 중요성만을 강조하지는 않는다. 균형적 자유주의자들은 정치적 평등주의를 전제하고 있는 민주주의의 중요성을 인정하고 있기 때문에 시장적 경쟁에서 초래되는 부의 불평등이 민주적 평등원리를 지나치게 왜곡시키지 않도록 제한적이나마 국가의 개입주의적 분배정책을 지지하는 경향을 공유한다. 때문에 결과적인 차원에서 본다면 균형적 자유주의자들은

'복지자유주의'로 분류되곤 한다. 하지만 '복지자유주의'라는 표현은 균형적 자유주의자들의 모든 관심이 사회구성원들의 물질적·경제적 복지의 충족에 있다는 오해를 불러일으킬 수 있는 소지가 있다. 균형적 자유주의자들이 정책적 차원에서 평등주의적인 분배정책을 지지하는 것이 분명하고 따라서 그들을 '복지주의적' 또는 '사회민주주의적' 자유주의자들로 분류하는 것도 일리가 없는 것은 아니다. 하지만 그것은 그들의 복지주의적 개입정책을 지지하는 좀 더 깊은 의미를 조명해주기에는 한계가 있다. 사실 그들이 복지주의적 분배정책을 주장하는 근본 이유는 그것이 개인들이 누리는 정치적 참여의 기본권을 더 공정하게 행사하고 실현하는데 필수적이라고 생각하기 때문일 수도 있다. '복지자유주의'라는 표현은 자유주의자들이 개인들의 복지충족을 통해 실현하고자 하는 또 다른 중요한 가치들을 은폐해버리는 부정적인 측면도 있다. 본 장에서는 롤즈와 하버마스 그리고 드워킨의 자유주의를 검토해봄으로써 이들의 자유주의를 '균형적 자유주의'로 규정할 수 있는 근거를 제시해보고자 한다.

(1) 롤즈(John Rawls)

오늘날 자유주의 전통 내에서 드워킨과 더불어 대표적인 복지자유주의자로 알려진 롤즈(1921~2002)는 『정의론 *A Theory of Justice*』의 I부 17장에서 자신의 정의관이 갖고 있는 평등주의적 성격을 설명하고 있다(1971, 100-8). 롤즈는 자유로운 경쟁에 의해 사회의 기본가치들(primary social goods)—예컨대, 권리와 자유, 권력, 소득, 부 등—이 분배되는 철저한 (기회평등주의와 결합된) 업적주의 사회를 거부한다. 자유경쟁에 의한 철저한 업적주의는 출생과 관련된 불평등과 천부적인 재능(talent)에 있어서의 차이—자유경쟁의 결과로서 얻어진 불평등이나 차이가 아니라 순전히 운에 의해 결정된 차이—라는 부당한 불평등(undeserved inequalities)을 전혀 고려하지 않는다. 그러나 그와 같은 불평등은 순전히 운에 기인하는 것이기 때문에 사회가 모든 사람들을 동등하게 대하기 위해서는 어느 정도까지는 교정되든지 보상되어야 한다. 이와 같은 원칙은 사회의 자원을 현명한 자들보다는 덜 현명한 자들에게 더 많이 써야 한다는 '교정의 원칙(the principle of redress)'을 성립시킨다. 그러나 이 '교정의 원칙'만이 정의관이 고려해야 할 중요한 요소는 아니다. 다른 고려사항들, 예컨대 사회 전체의 부의 증대를 위해 업적주의 요소인 효율성도 함께 고려해야 한다. 정의관의 두 번째 원리인 '차등의 원칙(difference principle)'은 그렇게 해서 성립된다(Rawls, 1971, 13장). 이 '차등의 원칙'은 사회적·경제적 불평등은 1)사회의 가장 열악한 위치에 있는 자들에게 가장 큰 혜택이 돌아가도록 조정되어야 하며, 2)공정한 기회평등의 조건하에서 만인에게 개방되어 있는 공직과 지위에 결부되어야 한다고 규정한다(1971, 303).

'차등의 원칙'을 제시함으로써 롤즈는 도덕적으로 정당화할 수 없는 (운이 정해준) '부당한 불평등'의 영향을 최소화할 뿐만 아니라, 시민들이 누리는 자유의 값어치(worth of liberty)를 가능한 한 평등화하려고 한다. 다시 말해, 개인들은 소유하고 있는 사회의 기본가치의 정도에 따라 실질적으로 심한 자유의 불평등을 겪을 수 있기 때문에 '차등의 원칙'을 통해 사회의 기본가치의 분배를 평등화시킴으로써 가능한 한 '평등한 자유의 원칙'을 실현시키려 한다.

롤즈는 이처럼 시장중심적 자유주의자들과 달리 상대적으로 평등의 실현에 더 큰 비중을 둔다. 시장 중심적 자유주의자들에게 민주주의는 시장경제를 조건으로 해서만 가능하고 또 시장경제의 정치적 조응물이다. 하지만 롤즈에게는 민주주의가 상대적으로 독립적인 하나의 원리로서 시장경제의 (도덕적) 결함과 한계를 제약하거나 보완하는 역할을 한다. 시장경제하의 자유경쟁은 단순히 사람들의 선호(preferences)에 있어서의 차이만을 반영하지 않고 재능, 가족적 배경, 곤궁, 필요(need)에 있어서의 숙명적인 차이도 반영하는 만큼, 도덕적으로 정당화할 수 없는 그와 같은 차이의 불평등한 결과를 제한해야만 한다. 복지권은 바로 이와 같은 논리에 입각하여 도출된다.[10]

그런데 복지권과 같은 사회적·경제적 권리의 중요성을 강조하

---

10 권리에 관한 정치·법철학적 논의로는 다음을 참조할 것. P. Jones, *Rights: Issues in Political Theory* (Basingstoke and London: Macmillan, 1994); J. Waldron, ed., *Theories of Rights* (Oxford: University of Oxford Press, 1984). Marshall의 경우 그의 *Citizenship and Social Class and Other Essays* (Cambridge: University of Cambridge, 1950)와 *The Right of Welfare and Other Essays* (London: Heinemann, 1981), 그리고 D. S. King & J. Waldron, "Citizenship, Social Citizenship and the Defence of Welfare Provision", *British Journal of Political Science*, Vol 18 (1988), 415-443 을 볼 것.

고 있는 롤즈의 입장은 상대적으로 민주적인 참정권을 무시하고 있는 것처럼 느껴질 수 있는데 이는 명백한 오해이다. 롤즈와 같은 균형적 자유주의자들이 복지권을 강조하는 것은 사실 민주적 정치과정에 참여할 수 있는 기본권의 평등한 향유를 위한 것이지 복지의 평등만을 위한 것은 아니다. 아래에서는 롤즈의 정의관이 전제하고 있는 민주주의의 의미와 '기본적 자유'의 내용을 분석해봄으로써 롤즈의 '공정으로서의 정의'가 균형적 자유주의에 속하는 이유를 밝혀보고자 한다.

주지하듯이 롤즈의 정의관은 '민주사회(democratic society)'를 위해 구성된 정의관이다. 여기서 롤즈가 정의관의 배경으로 제시하고 있는 민주주의 개념은 세 가지 의미를 담고 있다(Cohen 2003, 87). 첫째는 민주체제(democratic regime)라는 의미로서 정치적 참여와 선거 그리고 그것을 뒷받침하는 결사와 표현의 권리를 인정하는 정치제도(political arrangement)를 의미한다. 둘째는 민주사회를 의미하는바 그것은 사회의 구성원들이 정치문화 속에서 자유롭고 평등한 개인으로 이해되고 있는 사회를 의미한다. 그리고 셋째는 심의 민주주의(deliberative democracy)를 의미하는데 그것은 중요한 정치적 논의들이 자유롭고 평등한 개인들 사이의 협력관계에 적합한 이성에 호소될 뿐만 아니라, 집단적 권력을 행사할 권한을 그와 같은 합리적 논의로부터 부여받는 정치사회를 의미한다. 그러므로 민주주의에 대한 이상의 정의에 따라 롤즈의 정의관이 민주사회를 위해 구성된 정의관이라는 의미를 설명해보면 다음과 같다(Cohen 2003, 87). 그것은 첫째, 정의관이 개인들에게 평등한 참여의 권리를 부여해야 한다는 것과 기본적 정의의 문제로서 민주적인 체제를 요구한다는 것을 의미한다. 그리고 둘째는, 그것은 평등한 개인들의 사회를 대상으로 하며, 정의원칙들의 내용이 공적인 이해에 따라 구성된다는 것을 의미한다. 그리고 셋째는, 민주사회의 구성원들이 '정치적 권리들'을 행사할 때 그들의 정치적 사유와 판단을 안내하기 위해 구성되었다는 것을 의미한다.

그런데 여기서 민주사회의 구성원들이 누리는 '정치적 권리들'은 "모든 시민들이 그들이 준수해야 할 법률을 제정하는 입헌정치과정에 참여하여 그 결과를 결정할 수 있는 평등한 권리들을" 의미하는바 민주체제에서의 '참여의 원리'를 표현하는 것이다(Rawls 1971, 194). 다시 말해 그 정치적 권리들은 정의의 문제로서 사회 구성원 모두에게 동등하게 부여해야 할 기본적 자유들(basic liberties) 중 일부를 구성하는 것들이다.

롤즈는 사회의 기본구조를 크게 두 영역—시민권에 귀속되는 평등한 자유를 규정 · 보장하는 영역과 사회적 · 정치적 불평등을 지정 · 확정하는 영역들—으로 구분하고 각 영역에 속하는 기본권을 열거한다. 이 기본권들은 정의의 제1원리에 의해 모든 시민들에게 평등하게 부여되는 권리들로서 대략 "정치적 자유(투표하고 공직에 출마할 수 있는 권리) 및 언론과 결사의 자유, 양심과 사상의 자유, 사유재산권 및 인격의 자유, 법의 지배 개념에 의해 규정된 바 자의적인 체포와 구금으로부터의 자유 등이다."(1971, 61) 이 기본적 자유(기본권)들은 합리성과 정의감이라는 두 가지 도덕능력을 갖춘 평등한 개인들이 누려야 할 권리를 표현한다.

그런데 주지하듯이 롤즈의 정의원리들은 '민주사회' 와 '민주체제' 그리고 '심의민주주의' 라는 세 가지 요소를 포함하는 '민주사회' 개념을 배경으로 하여 구성된 것이다. 때문에 그의 정의관은 민주사회의 자유 시민들 사이의 존재방식—그 한 가지는 자유롭고 평등한 존재들이 심의를 통해 중요한 헌법적 결정에 이르는 존재방식—을 반영하지 않을 수 없다. 따라서 정의의 제1원리에 포함되어 있는 정치적 자유들은 베버와 슘페터 식의 '최소주의적' 민주주의 개념—엘리트들을 선출하는 선거제도로서의 민주주의— 이상의 '적극적인' 내용을 담아내고 있다.

혹자는 정의의 원리들에 의해 규제되고 있는 롤즈의 질서정연한 사회에서의 민주주의는 정의관에 의해 제약을 받으므로 종속적인 지위를 갖는 것으로 이해할 수도 있다. 하지만 코헨이 적절히 지적하고 있듯이 정의의 원리들 자체가 '민주사회' 에 대한 관념(자유롭고 평등한 시민들의 공정한 협력체계)을 반영하기 때문에, 이런 전제를 수용하여 구성된 정의관에 의한 정치의 규제가 곧 민주주의를 많이 제약할 수 있다고 보기는 어렵다(Cohen 2003, 102-3).

사실 롤즈의 정의이론에서는 정의관 자체가 심의민주주의의 기본적 조건과 틀 속에서 구성되었다고 해도 무리가 없다. 롤즈의 정의원칙들은 심의민주주의가 작동할 수 있는 공정하고 평등한 절차적 조건 속에서 계약당사자들이 자유로운 이성의 공동행사를 통해 도달한 결과물이다. 따라서 그 결과물로서의 정의관은 우선적으로 이상적인 민주사회의 존재방식에 맞도록 구성될 수밖에 없고, 시민들의 이성에 호소하는 다양한 합리적 이유들에 대한 공적인 심의를 통해 합의되어야 한다. 그리고 이런 심의절차는 헌정구조의 결정과정뿐만 아니라 입법과정과 정책결정 과정 그리고 시민들이 정의관에 입각하여 그들의 대의원들을 판단·평가하는 과정을 통해서도 실현된다고 할 수 있다.[11]

그러므로 정의관이 제1원리에 규정하고 있는 기본적 자유들 중 정치적 참여의 권리는 다른 경제적·사회적 권리들과 마찬가지로 매우 중요한 기본적인 권리들이기 때문에 다른 권리들의 최대한의 실현을 위한 경우에 한하여 부분적으로만 제약될 수 있을 뿐이다. 그리고 이 점은 다른 기본적 자유들에 대해서도 동일하게 적용될 수 있거니와 정치적 자유들과 다른 경제적·사회적 자유들 사이의 우선성 문제는 반드시 정치적 자유들에 불리하게 적용될 이유가 없다.

요컨대, 롤즈의 자유주의에서는 민주적인 참여의 권리가 독립적인 정치적 가치로서 경제적 권리들—사유재산권 및 시장적 거래의 자유—에 못지않은 중요한 지위를 차지하고 있다. 사실 제2원리에 명시된 '차등의 원칙'은 '민주적인' 정치적 권리들을 중요한 내용으로 삼고 있는 '평등한 자유'의 원칙을 모든 시민들이 가능한 한 '평등하게' 향유할 수 있는 최소한의 경제적 조건을 창출하기 위해 마련된 것이라고까지 할 수 있다. 그러므로 롤즈의

---

11 물론 정책결정과 대의원의 평가 과정에서 시민들이 정의관—민주적인 가치들이 이미 실현되어 있음—에 따라 사고·판단한다는 지적이 심의 과정에서 그들의 이익을 고려하지 않는다는 말은 아니다. 그들은 심의민주주의의 절차적 조건들과 제약들을 일차적으로 고려하면서 그들의 이익을 표현할 수 있다.

자유주의는 시장관련 기본권을 일방적으로 강조한 자유주의들과는 달리 민주주의적 이상과 가치들의 독립적 지위를 인정하고 있는 '균형적' 자유주의로 규정할 수 있다.

(2) 하버마스(Jürgen Habermas)

하버마스(1929~)는 최근에 영미의 정치담론에 적극적으로 참여하는 가운데 자유주의적인 이론적 지향을 분명히 밝히고 있다. 그의 최근의 이론적 지향은 시장 우선적 자유주의보다는 훨씬 더 롤즈의 '균형적 자유주의'와 유사하다. 하버마스는 그동안 꾸준히 발전시켜온 '담론이론(discourse theory, 또는 의사소통이론, communicative theory)'을 『사실과 규범 사이에서: 법과 민주주의의 담론이론에 대한 기여Between Facts and Norms』(1996)에서 법에 관한 담론이론(discourse theory of law)으로 발전시킴으로써 법치와 민주주의의 관계를 둘러싼 현대자유주의 내의 논쟁에 큰 공헌을 하고 있다. 하버마스는 법에 대한 사회학적 이론과 정의에 대한 철학이론을 통합시킴으로써 법과 정의, 법과 민주주의를 화해시킬 수 있는 중요한 이론틀을 제공하고 있다. 그는 도덕과 법률 그리고 정치의 연계망 중심에 법을 위치시킴으로써 롤즈가 『정의론』에서 착수한 칸트적 기획을 완성시키고 있다.

1990년대 중반부터 본격적으로 결실을 맺고 있는 하버마스의 이론적 시도는 종교와 윤리 그리고 법률이 서로 분리된 현대의 다원주의적 사회를 배경으로 삼고 있다. 그는 종교와 윤리의 통합력이 현저히 떨어진 현대사회에서는 법률이 그 역을 대신함으로써 이방인들 사이의 상호관계를 규제하는 규범적 틀이 되고 있다고 분석한다. 현대의 다원사회에서 법은 처벌의 두려움, 규범적 정당성 그리고 시장과 행정을 통한 사회적 재생산의 필요성 때문에 준수된다(1996, 39-41, 447-450). 이 세 가지 요소들은 함께 작용함으로써 다원적인 현대사회의 통합을 유지한다.

그런데 현대사회에서 민주주의의 역할에 대한 통념과 관련하여 법과 처벌의 '정당성'은 그것이 궁극적으로 민주시민들에 의해 스스로 부과되었다는 사실로부터 도출된다. 하지만 이 점은 경험적으로 명백하게 입증되지 않는다. 때문에 反사실적인 구성물(counterfactuals)을 고안함으로써 경험적 연구에 의해 채워지지 않은 부분을 채울 필요가 있다. 법과 법적 강제가 시민들 스스로에 의해 부과되는 민주사회에 대한 일관되고 체계적인 이론은 바로 그와 같은 필요성으로부터 발생한다. 이 이상적 민주사회에 대한 묘사는 현실의 관행을 비판하는데 사용되는 '비판이론'의 역할을 할 수도 있으며, 다른 사회의 현상들과 비교를 통해 현실을 옹호할 수 있는 '반성적 평형' 기능을 수행할 수도 있다.

하버마스의 재구성적 법이론(reconstructive theory of law)은 현대의 다원사회를 배경으로 구성되는 만큼 다양한 가치관들을 추구하는 사람들 사이에서 불편부당해야만 한다. 하버마스는 칸트와 롤즈 등이 제시한 反사실적 구성물들을 차례로 검토 · 비판한 후, 전략적 행위와 의사소통적 행위를 구분하고 공동의 이해를 지향하는 의사소통적 담론이론에 입각하여 절차중심적 민주주의이론을 전개한다. 일군의 규범적 제약하에 전개되는 대화자들 사이의 담론은 규범적 타당성(normative validity)의 근거를 제공한다. 즉, 그 담론과정에 참여하고 그 결과로부터 영향을 받는 모든 참여자들의 합의가 규범적 타당성의 궁극적 원천이 된다. 그 담론과정은 그 안에서 합의되는 행위규범들의 구체적인 내용을 미리 정하는 것이 아니라 어떤 행위규범들이 참여자들의 동의를 얻을 수 있는가를 시험하는 수단으로 기능한다.[12]

그런데 하버마스의 가설적 구성물은 어떤 자의적인 고안물이 아니라, 법의 패러다임 변천에 전제되어 있는 법과 사회현실의 관계에 대한 인식변화를 반영한다(1996, 388-446). 하버마스에 따르면 법의 패러다임은 일반적으로 사회의 이상적인 이미지를 반영하는데, 그 이상적인 사회의 이미지는 법제정과 법적용의 실제를 안내할 뿐만 아니라 기본권체계의 해석을 위한 배경이 된다(1996, 388). 하버마스는 지금까지 현대사회에 존재해온 대표적인 패러다임들인 자유주의적-부르주아(liberal-bourgeois) 패러다임과 사회-복지주의(social-welfarist) 패러다임을 비판적으로 검토하고 그 대안으로서 절차주의(procedural) 패러다임을 제시한다.

자유주의적-부르주아 패러다임은 형식적 법 개념을 추구, 정의를 권리의 평등한 분배라는 관점에서 이해함으로써 사실상의 평

---

12 하지만, 이런 절차적 시험을 통과한 대표적인 행위규범들도 反다수결주의적인 제약수단들이 없을 경우 소수에게는 억압적이고 폭력적일 수 있다. 이런 위험들을 완화하기 위해 민주적인 법은 反민주적인 권리들에 의해 제한되어야만 한다. 바로 여기에 다수결주의적 입법의지와 反다수결주의적 헌법적 권리 사이의 긴장이 놓여 있다.

등문제를 다루지 않는다. 그리고 권리의 영역인 부르주아 계급의 사적인 영역과 민주적 참여의 영역인 공적인 영역을 분명하게 구분한다. 그리고 그에 맞춰 사적인 경제인(homo economicus)들의 활동을 다른 간주관적인(inter-subjective) 활동들과 첨예하게 구분, 체계와 생활세계를 가교시킬 필요성을 인정하지 않는다.

반면에 사회-복지주의 패러다임은 사실상의 평등을 성취하려는 목적 하에 형성되었다. 하지만 그 패러다임은 행정국가의 강고한 관료주의 하에서 '분배적 정의' 문제에 전념함으로써 시민들을 복지국가의 클라이언트(client)로 전락시켜버렸다. 그에 따라 개인들은 자율성과 존엄성의 상당 부분을 기본적 복지권과 맞바꿔버리는 상황에 직면하게 되었다. 중요한 결정들은 모두 전문가들의 손에서 결정되었으며, 정보의 소유와 사용에 있어서의 불평등은 정치체를 지배하는 엘리트계급과 행정대상이 된 대중들로 분열시켜버렸다. 이 사회-복지주의 패러다임은 자유주의적-부르주아 패러다임과 대조적으로 사적인 영역과 공적인 영역, 체계와 생활세계, 그리고 권리와 민주주의를 구분하지 않는다.

사실 하버마스는 관료제도로 무장한 행정국가와 대기업 그리고 지배적인 매스매디어의 필요성, 곧 체계의 중요한 역할을 인정한다. 하지만 그는 또한 사회-복지주의 패러다임에서 상실되어버린 개인의 자율성과 존엄성을 복구시키기를 원한다. 담론이론이 적용된 그의 절차주의 패러다임은 사실적 평등을 포기하지 않고서도 그와 같은 목적을 성취하고자 기획된 것이다.

하버마스는 법 아래서의 평등한 '제휴자들(consociates)'을 자율적이며 서로의 존엄성을 상호 인정하는 존재들로 전제하면서 새로운 패러다임을 구성한다. 그는 이 제휴자들이 스스로 법을 제정하고 동시에 그 법의 적용대상들이 된다면 그 법률이 어떤 것이든 '정당하다'고 천명한다. 다시 말해, 법이 反사실적 담론이론을 통해 법의 지배를 받게 될 모든 당사자들 사이의 합의에 따라 스스로 부과된 것으로 재구성될 수 있다면, 합리적인 행위자들은 모두 그 법의 규범적 타당성을 인정해야만 된다고 본다.

하버마스는 타당한 법의 제정자 겸 대상자가 되는 법적 '제휴자들'이란 아이디어를 중심으로 민주주의와 권리의 관계 및 법과 체계 그리고 생활세계의 관계를 재구성한다. 먼저 민주주의와 권리는 절차주의 패러다임의 핵심적인 두 기둥으로서 내적으로 연계된다. 담론과정에 이미 전제되어 있는 권리들이 없다면 의사소통행위자들은 진정한 대화와 합의에 수반되어야 하는 상호승인의 수준을 유지할 수 없다. 반면에 대중민주주의(popular democracy)가 없다면 모든 사람의 목적과 열망이 법제정과 공공정책 작성과정에 반영되지 않을 것이기 때문에 합의의 기초가 약해질 뿐만 아니라 상호승인 역시 어렵게 된다.

절차주의 패러다임 하에서 담론과정을 통해 확인된 권리들은 체계와 생활세계를 정당화하고 결합시켜주는 구심점 역할을 한다. 경제와 관료기구와 같은 체계는 법에 의존할 때만이 기능할 수 있다. 때문에 담론을 통해 그 법을 비준하는 것은 결국 그 체계들이 시민들 스스로에 의해 부과된 것이라는 의식을 고취시켜줌으로써 체계에 상당 정도의 정당성을 부여한다. 게다가 정당화 과정은 담론과정에서 형성된 법이 체계에 대해 부과하는 제약들을 통해 더욱 더 강화된다. 나아가서 담론과정을 통해 형성된 법은 생활세계에 대한 규범적 보충물로 기능한다. 그리고 마지막으로 체계와 생활세계 양자를 다 포괄함으로써 담론을 통해 형성된 법은 이방인들 사이에서 일어나는 상호행위의 토대가 되는 규범적 지반이 된다.

절차주의 패러다임은 또한 법적·형식적 평등과 사실적 평등을 통합시킨다. 유사한 경우들은 유사하게 취급되어야 한다는 원칙은 담론과정을 통한 상호승인원칙에 대한 합의로부터 도출된다. 그리고 사실적 평등을 성취하기 위해 법이 고려해야 할 유사성과 차이들 역시 의사소통과정에 참여한 모든 당사자들이 적절한 것으로 합의할 수 있는 것들이어야 한다.

이 글의 주제와 관련, 이제는 하버마스의 절차주의적 민주주의 개념과 권리체계의 관계, 그리고 권리체계의 내용을 살펴봄으로써 하버마스의 입장이 롤즈와 같은 '균형적' 자유주의로 분류될 수 있는 이유를 살펴보겠다.

하버마스는 담론이론이 법적 제도화 문제에 적용될 때 민주주의 원리에 관련된 문제가 된다고 본다. 민주주의 원리는 입법과정에 정당성을 부여하는 힘으로서 담론이론과 법적 형식(legal form)의 상호침투로부터 도출된다(1996, 121). 하버마스는 담론이론과 법적 양식의 상호침투를 점진적인 방식으로 재구성할 수 있는 '법의 논리적 발생(logical genesis of law)' 으로 이해한다. 여기서 담론이론과 법 형식 간의 상호 침투, 곧 '법의 논리적 발생' 은 '자유에 대한 일반적 권리(the general right to liberties)' —곧, 법형식 자체를 구성하는 권리—에 담론이론을 적용함으로써 시작하여, 정치적 자율성 행사에 필요한 조건들을 담론을 통해 제도화함으로써 종결된다(1996, 121). 애초에 추상적으로 상정되었던 사적인 자율성(private autonomy)은 정치적 자율성을 통해 회고적으로 분명한 법적 양식을 취하게 된다. 따라서 민주주의 원리는 표면상으로만 권리체계의 핵심으로 부각될 뿐 권리들의 논리적 발생은 순환논리로 설명될 수 있다. 다시 말해, 법적 형식과 정당한 법제정 메커니즘—곧 민주주의 원리— 은 최초부터 동시에 발생한다(1996, 122).

하버마스의 설명에 따르면 이론가가 애초에 취했던 외재적 관점은 구체적인 설명과정에서 권리체계 속으로 내재화된다. 이 권리체계는 실정법에 의해 서로간의 상호관계와 생활환경을 정당하게 규제하기를 원하는 시민들이라면 서로에게 마땅히 부여해야만 할 바로 그와 같은 권리들을 포함해야 한다(1996, 122). 따라서 우리는 권리체계를 구성하기 위해 행위에 대한 기대를 안정화시키는 '법적 형식(legal form)' 과 법규범의 타당성을 시험할 수 있는 '담론원리' 를 필요로 하게 된다. 이 두 가지 조건을 통해 우리는 법적 인격의 지위를 규정함으로써 법규를 발생시키는 권리의 세 가지 범주를 얻게 된다(1996, 122). 첫째, 최대한의 평등한 개인적 자유에 대한 권리—이 권리를 정치적으로 자율적인 방식으로 분명하게 표현함으로써—로부터 도출되는 기본권들이 있다. 둘째, 첫째의 기본권으로부터 필연적으로 도출되는 권리들로서, 법 아래에 있는 제휴자들의 자발적 결사에 속해 있는 구성원들의 지위를—정치적으로 자율적인 방식으로— 분명히 표현함으로써 도출되는 권리들이 있다. 셋째, 권리의 실행과 개인의 법적 보호를—정치적으로 자율적인 방식으로— 구체화하는 과정에서 도출되는 권리들이 있다.

이 세 가지 권리들은 단순히 법이라는 중간 매개체, 다시 말해 자유롭고 평등한 개인들의 수평적 결사체의 법적 형식을 위한 조건들에 담론원리를 적용함으로써 도출된다. 하지만 이 권리들은 아직은 국가에 대한 저항권(Abwehrrechte)으로 이해되어서는 안 된다. 왜냐하면, 이 권리들은 어떤 법적으로 조직된 국가권위에 앞서 자유롭게 결합된 시민들 사이의 관계만을 규제할 뿐이기 때문이다. 말하자면 이 권리들은 현재 법적 주체들의 '사적 자율성(private autonomy)'을 보장하는 권리들일 뿐이다(1996, 123).

하버마스의 법 주체들은 네 번째의 기본권 즉, 의견과 의사를 형성하는 과정에 참여할 수 있는 평등한 기회에 대한 기본권을 통해 비로소 법질서의 주체로 부상한다. 의견과 의사를 형성하는 과정에 참여함으로써 법의 주체들은 그들의 정치적 자율성을 행사하며 또 그 과정에서 정당한 법을 발생시킬 수 있다. 그런데 이런 범주의 권리들은 앞의 다른 기본권들을 헌법적으로 해석하고 정치적으로 발전시키거나 구체화하는 과정에 반성적으로(reflexibly) 적용된다. 왜냐하면 정치적 권리들은 자유롭고 평등한 적극적 시민들의 지위를 근거 짓기 때문이다. 이 적극적 시민의 지위는 자기준거적(self-referential)이라 할 수 있다. 그 까닭은 시민적 지위는 시민들로 하여금 그들이 소유한 다양한 권리와 의무를 변경하고 확대할 수 있도록 권한을 부여함으로써 그들의 사적인 자율성과 시민적인 자율성을 동시에 해석하고 발전시킬 수 있도록 해주기 때문이다.

하버마스는 또한 필요한 경우 사회적으로, 기술적으로 그리고 생태적으로 안전한 생활조건에 대한 기본권을 덧붙임으로써 이상에서 열거한 시민적 권리들을 이용할 수 있는 평등한 기회를 보장하고자 한다(1996, 123).

그런데 지금까지 설명한 기본권들은 충분히 그 내용이 구체화되지 않았다. 그런 점에서 그 기본권들은 헌법 제정자들을 안내하는 법적 원리들과 같은 것으로 변화하는 환경에 알맞게 정치적 입법체에 의해 새롭게 해석되고 구체화되어야만 한다(1996, 125). 구체적인 법규는 실정법에 의해 그들의 공동생활을 정당하게 규제하고자 하는 시민들이 서로에게 특정한 권리들을 부여하는 형식으로 확립되어야 한다. 그리하여 하버마스는 反사실적인 절차적 구성물을 통해 잘 알려진 자유주의적인 기본권들이 이렇게 확립된다는 것을 보여줌으로써 법의 사실성과 규범적 타당성 문제를 정리하고 있다. 그는 자유주의적인 기본권의 내용을 다음과 같이 정리하고 있다. 첫째, '개인적 자유에 대한 일반적 권리'를 자유주의적으로 해석 · 구체화하면 다음과 같은 목록을 얻을 수 있다고 한다: 인격적 존엄성에 대한 권리, 생명과 자유와 신체적 무흠성에 대한 권리, 이주의 권리, 직업선택의 권리, 재산권, 가정의 불가침성에 대한 권리 등등. 둘째, 자유롭고 평등한 개인들 사이의 자발적 결사체의 구성원 자격을 명시하는 권리들은 다음과 같다: 외국으로의 추방 금지에 대한 권리, 정치적 망명권, 시민의 권리와 의무에 관련된 모든 것들. 그리고 평등한 법적 보호와 구제를 보장하는 권리의 범주는 다음과 같은 구체적인 권리로 표현될 수 있다: 소급처벌금지, 이중 혐의(double jeopardy) 금지, 임시 특별 법정 금지, 독립적 사법부의 보장 등등.

기본권의 존재와 절차적 민주주의의 순환적 관계 및 기본권의 내용에 대한 하버마스의 설명을 두고 볼 때 하버마스의 입장은 대체로 롤즈의 '균형적' 자유주의와 맥을 같이 함을 알 수 있다(Gutmann 1996, 174). 하버마스는 절차적 민주주의가 기본권의 특징과 내용 모두를 일방적으로 결정한다고 주장하지 않는다. 재산권과 계약의 자유를 중요한 내용으로 포함하고 있는 사적인 자유와 민주정치과정에의 참여를 핵심 내용으로 포함하고 있는 정치적인 자유는 어느 것도 우선적인 지위를 누리지 않는다. 그것들은 동시적인 기원을 갖기 때문에 어떤 것도 절대적인 우선성을 갖지 않는다(Habermas 1996, 118-131). 그것들은 서로의 전제조건이 되는 상호 관계를 형성하고 있다(1996, 128). 사적인 자유와 공적인 자유가 충돌할 경우 그것은 공동생활의 불가피한 현상으로 받아들여야 할 뿐 원칙적으로 어떤 권리가 다른 권리에 대해 절대적인 우선성을 지닌 것으로 생각할 수는 없다. 바로 이 점이 롤즈와 하버마스의 자유주의가 자유지상주의적 자유주의와 근본적으로 다른 점이다. 자유지상주의자들은 사유재산과 생명에 대한 근본적 권리(개인적·사적 권리)들로부터 정치적 자유를 포함하는 기타의

자유들을 도출한다. 때문에 정치적 자유들은 기껏해야 부차적이
며 도구적인 가치를 지닐 뿐이다.[13] 요약컨대, 롤즈와 하버마스는
공정한 협력체계의 자유롭고 평등한 구성원들이라는 (인간에 관
한) 정치적 이상에 사적인 자유와 공적인 자유의 공동의 기원이
있다고 본다. 사적인 자유와 공적인 자유는 서로의 실현조건이 된
다는 점에서 밀접하게 연관되어 있다고 보는 것이다. 다시 말해
롤즈와 하버마스는 편의상의 동맹 이상으로 그 둘 사이에 내재적
연관성이 있다고 본다. 이 점은 같은 균형적 자유주의자로 분류할
수 있는 쉬클라(J. Shklar)의 입장과는 다소 차이가 있다. 쉬클라는
그 둘의 관계를 일종의 편의상의 동맹으로 보고 있기 때문이다
(Shklar 1989, 37).

(3) 드워킨(Ronald Dworkin)

현대의 평등주의적 자유주의에서 롤즈와 쌍벽을 이루는 드워킨
(1931~) 역시 시장과 민주주의의 '균형적' 관계를 지향한다는 점
에서 롤즈 및 하버마스와 유사하다. 드워킨은 1960년대 초이래 지
금까지 전통적인 법 이론들에 내재된 약점과 한계를 비판하는 한
편으로 자유주의 사회의 모든 법 실제에 일관되게 적용할 수 있는
도덕원리를 구성코자 노력해 왔다. 그는 법의 문제 배후에는 항상

---

13 그러므로 자유지상주의자들과 사회민주주의자들 사이의 차이는 기본적 자유의 범주에 속하는 사적
인 자유들과 정치적인 자유들의 관계를 어떻게 설정하는가의 차이를 반영한다고 볼 수 있다.

특정한 공공문화를 뒷받침하고 있는 도덕적 · 정치적 원리의 문제가 놓여 있다고 생각하고, 법에 대한 이론적 문제들을 도덕 이론적인 문제로서 표현하고 다룰 것을 강조한다(Dworkin 1978, 7, 12; Dworkin 1985, 186; Dworkin 1986, 102).

이런 방법론에 따라 드워킨은 미국이나 영국과 같은 자유주의 사회의 공공문화에 대한 도덕적 해석을 시도, 자유주의 사회의 공공문화에는 "정부가 평등한 관심과 존중심(equal concern and respect)을 가지고 시민들을 대해야 한다"는 공적인 도덕원리(public morality), 곧 평등원칙이 놓여 있다고 주장한다(1985, 191). 그리고 이 자유주의적 평등원칙에 대한 최상의 해석으로 '자원의 평등(equality of resources)' 원리를 제시, 이에 근거하여 자신의 권리중심적 자유주의를 정립한다(1981, 283-345).

「자유주의」라는 논문에서 그는 자유주의의 구성적 원리(constitutive principle)와 파생적 전략(derivative strategy)을 구분한다(1985, 183-4). 자유주의의 구성적 원리는 구체적인 사회적 · 경제적 · 정치적 이슈들에 대한 가장 핵심적인 견해들에 관류하는 원리로서 동일한 이슈들에 대한 非자유주의적인 견해들로부터 자유주의적인 견해들을 구분시켜주는 원리이다(1985, 187-8). 드워킨은 자신이 제시한 자유주의적 평등관이야말로 역사적으로 출현했던 모든 자유주의적 입장들을 관통하여 불변적으로 남아 있는 구성적 원리라고 주장한다. 역사적으로 자유주의에 대한 다양한 해석들이 존재했던 이유는 자유주의에 불변적인 구성적 원리가 없었기 때문이 아니라, "유일한 자유주의의 구성적 원리를 실행하기 위해 채택된 전략들의 적실성을 잃게 한 환경과 여론의 변화 때문이다."(1985, 184-6) 그리하여, 구체적인 전략들의 유효성은 전적으로 실제적인 사회적 · 경제적 조건들에 달려 있기 때문에, 중요한 사회적 · 경제적 변화가 일어날 때마다 자유주의적인 견해들이 새롭게 결합하여 독특한 자유주의를 형성하게 된다.

드워킨은 이처럼 구성적 원리와 파생적 프로그램을 구분함으로써 자유주의와 경제적 시장 그리고 대의민주주의의 관계를 설명한다. 그에게 경제적 시장과 대의민주주의는 평등이라는 자유주의적 구성원리를 성취하기 위한 핵심적인 제도로서 이해된다. 경제적 시장은 어떤 재화를 생산하여 어떻게 분배할 것인가를 결정하는 데, 그리고 대의민주주의는 어떤 행위를 금지하거나 규제함으로써 다른 행위들을 가능하게 하거나 편리하게 할 것인가를 집단적으로 결정하는 데 가장 이상적으로 활용될 것이라 본다. 드워킨은 이 제도들이 어떤 다른 일반적인 제도들보다도 더 평등주의적인 분배를 제공할 것으로 기대한다(1985, 193-4).

하지만 드워킨은 이 두 제도들이 자신의 자유주의적 평등관— 자원의 평등—을 완벽하게 실현시켜주리라 생각하지 않는다. 그 제도들은 자신의 자유주의적 평등관에서 볼 때 무시할 수 없는 문제점들을 내포하고 있다. 먼저 시장은 자신의 열망과 가치관에 따라 살고자 하는 개인들의 선호의 차이를 잘 반영한다는 점에서 자유주의적 평등관을 위해 필수불가결하지만, (칸트적) 도덕적 관점에서 정당화할 수 없는 부당한 불평등을 초래할 수 있는 차이점들도 관용하는 문제점이 있다. 다시 말해 재능과 가족적 배경, 필요와 장애의 정도에 있어서의 차이 등 개인의 힘으로는 어찌해볼 수 없는 다양한 차이들을 여과시키지 못한다.

이런 차이들은 개인의 의도나 선택 그리고 노력과는 상관없는 '순전한 운(brute luck)'의 결과이기 때문에 선호의 차이와는 달리 자유주의적인 평등원리에 의해 옹호될 수 없다. 그러므로 자유주의적 입법자는 능력과 재능, 상속과 운의 차이로부터 발생하는 불평등들을 축소시키는 동시에 재화와 기회에 관련된 비용의 차이를 반영하는 불평등들은 용인하는 제도적 장치를 고안해야만 한다. 그래서 드워킨은 "자유주의자는 재분배제도를 통해 시장을 개혁하되, 시장의 가격체계는 거의 손대지 않고 놓아두어야 하지만 최소한 자유주의적 구성원리가 금하는 복지에 있어서의 불평등을 대폭 제한할 수 있어야 한다"고 강조하고, 소득재분배 정책과 관례적인 상속세 제도를 기반으로 한 복지권 제도의 확립을 주장한다. 드워킨은 분배의 정도에 관한 한 롤즈를 답습한다. 그리하여 더 이상의 부의 이전이 이뤄질 경우 최하위층 집단이 혜택을 입기보다는 해를 당하게 될 지점에까지 재분배가 이뤄져야 한다고 생각한다(1985, 196).

이와 유사한 논리로 민권은 민주적인 다수의 선입견이 반영된 결정(외부적 선호, external preferences)을 예방하기 위해 필요하다. 민권체계는 강력한 외부적 선호를 반영할 가능성이 높은 정치결정들이 무엇인지를 미리 결정해서, 다수결주의가 작동하는 정치제도의 영역에서 이런 결정들을 미리 배제해야만 한다(1985, 196-7). 이 권리들은 자유주의적인 구성원리를 침해할 수도 있는 민주적 다수의 편견을 반영한 외부적 선호에 대항적으로 작용할 것이다. 그러므로 이 권리들은 "정치도덕에 있어서의 무조건적인 향상"으로 이해할 수 있다(1985, 198). 드워킨은 (연방대법원에 의해 해석된 바) 미국 헌법의 권리장전에 명시된 권리들을 상당수의 자유주의자들이 오늘날의 미국에 필요한 권리들이라고 생각할 것이라고 믿고 있다(1985, 197).

지금까지 설명한 바와 같이 시장과 민주주의 제도와 관련된 드워킨의 옹호는 매우 강력한 것임에도 불구하고 드워킨은 시장과 민주주의 제도의 내재적 한계를 잘 인식하고 있다. 그는 복지권과 민권제도의 발생과 정당성을 시장과 민주주의 제도의 내재적 문제점들 극복하거나 보완하기 위한 것으로 해석하고 있다. 따라서 복지권과 민권제도는 자유주의적 평등원리로부터의 부분적 일탈로 해석되는 것이 아니라 그 평등원리를 완성시키는 장치로 이해되는 것이다.

그런데 이 맥락에서 이 글의 주제와 관련하여 강조되어야 하는 것은 복지권이나 민권이 시장제도를 뒷받침하고 있는 경제적 권리들과 민주주의를 뒷받침하고 있는 정치적 참여의 권리들과 그 내용에 있어서는 큰 차이가 있지만 그 효력에 있어서는 동일하다는 점이다. 드워킨은 시장경제와 민주주의가 모두 필요하다고 믿기 때문에 사유재산권과 계약의 권리 및 정치적 참여—투표, 공직입후보, 정당결성과 활동 등등—의 권리를 당연히 인정한다. 하지만 그런 제도들은 도덕적으로 정당화할 수 없는 불평등을 관용하는 문제점들이 있기 때문에 복지권과 민권체계의 도입을 통해 보완되어야 한다. 그리하여 이 복지권과 민권체계 역시 재산권이나 정치적 권리와 동일한 효력을 가져야 한다고 생각한다.

하지만 이로부터 예상할 수 있는 문제점은 이런 권리들 간의 충돌가능성이다. 재산권과 복지권, 정치적 권리와 민권, 그리고 재산권과 민주주의적 다수결주의 원리가 충돌할 경우 어떻게 해결해야만 하는가? 시장 우선적 자유주의자들과 달리 드워킨의 자유주의는 이런 충돌의 문제에 대해 명확한 해결책을 제시하지 않는다. 아니 할 수가 없는 것이다. 민주주의적 다수결주의에 의해 사유재산권 및 경제활동의 자유를 일부 제약하는 결정이 내려졌다면 그것은 존중되어야 하는가? 아니면 그것은 시장경제를 떠받치고 있는 헌법적 기본권인 재산권에 대한 (아무리 부분적인 침해라 하더라도) 침해이므로 아예 위헌적인 것으로 간주되어야 하는가? 이런 충돌은 결국 충돌이 발생한 특수한 상황 속에서 공동체의 정치도덕에 대한 '최상의 해석'을 통해서 그때그때마다 해소되어져야 하는 것이다.

사실 복지권의 존재는 사유재산권에 대한 부분적인 제약을 함축하고 있기 때문에 민주적인 절차에 따라 복지권을 도입했다면 그것은 민주주의에 의한 시장의 부분적 제약을 정당한 것으로 인정한 셈이다. 그럼에도 불구하고 시장제도와 관련된 기본권은 민주주의에 의해 근본적으로 제약되거나 폐지될 수 없다는 점에서 민주주의의 일방적 독주는 결코 허용되지 않는다. 그리고 민주주의적 절차를 통해서도 침해할 수 없는 절대적인 경제적·시민적 기본권의 존재는 그 자체가 민주주의의 과잉이나 독주를 견제하

는 중요한 견제방식이 된다는 점에서 드워킨의 자유주의는 시장
과 민주주의 제도의 '균형'을 도모하고 있다고 할 수 있다.

6. 민주주의 우선적 자유주의: 민주주의자들

(1) 벨라미(Richard Bellamy)

현재 자유주의-공동체주의 논쟁에 비판적으로 참여함으로써 정치이론 분야에 큰 기여를 하고 있는 리차드 벨라미(1957~)는 『자유주의와 현대사회*Liberalism and Modern Society*』(1992)에서 '민주적 자유주의'를 주창하고 있다. 그는 영국, 프랑스, 독일과 이탈리아에서의 자유주의 사상의 진화를 검토하는 가운데 각자의 특수한 역사적 맥락을 배경으로 밀과 그린(T. Green), 뒤르켐과 베버 등 많은 이론가들의 사상을 검토한다(1992, 9-216). 그는 이들 이론가들의 사상 속에 전제되어 있는 사회적·도덕적 가정들의 상황특정성을 드러내고 이들의 이론에 적실성을 부여했던 상황적 특성들이 심대한 변화를 겪고 있다고 판단한다. 그리하여 자유주의의 핵심적인 원리들의 적실성이 현저히 떨어짐으로써 오늘날의 중요한 이론가들―롤즈, 노직, 드워킨, 왈저, 라즈―의 자유주의 이론이 시대착오적이 되었다고 비판한다(1992, 248-251). 그리하여 그는 복잡하고 다원적인 현대사회에서는 현실주의적인 토대에 기초한 '민주적 자유주의(democratic liberalism)' 만이 적실성 있는 정치이론을 제공할 수 있다고 주장한다.

벨라미는 현대의 자유주의자들이 다원주의사회에서의 정치의 문제를 전통적인 윤리적 자유주의의 관점에서 해결하려 함으로써 의도치 않은 억압성을 포함하게 되었다고 본다. 윤리적인 자유주의자들은 사회에 대한 합의모델을 견지함으로써 사회의 안정성이 현대 산업사회에 고유한 일군의 공유된 규범, 신념 및 가치에 달려있다고 본다(253). 그들은 이런 규범과 가치에 입각하여 만인의 동등한 자유를 최대로 보장해주기 위한 기본권과 권한을 부여한다. 예를 들어 롤즈는 이런 전통적인 입장을 약간 수정하여 자유로운 합의에 의해 구성한 규범들이 非강제적인 사회적 협력의 최소도덕이 된다고 주장한다.

하지만 벨라미는 현실주의적 자유주의자인 베버의 입장에 공감을 표하며 '최소주의적인(minimalistic)' 롤즈의 '중첩합의' 에 깔려 있는 사회관—자유롭고 평등한 개인들 사이의 공정한 협력체계—마저도 비현실적이라 비판한다(1992, 253). 벨라미는 가치나 규범에 대한 '합의' 를 강조하는 오늘날의 윤리적 자유주의자들이 그 합의를 정치적 조정 메커니즘인 민주주의를 규제하는 틀로 사용함으로써 그 합의에 참여하지 못한 다양한 소수 집단들에 대한 부당한 억압을 정당화한다고 비판한다(1992, 254). 그리하여 벨라미는 현대사회의 복잡성과 다원주의를 배경으로 해서 볼 때 자유주의적인 헌정 원리들과 제도적 장치들은 잠정협약(modus vivendi)의 관점에서 보아야 한다고 주장한다. 그 원리들은 모든 정당한 사회적 공존형태들의 보편적인 전제조건이라기보다는 현재적인 '정의의 환경'을 반영한다는 것이다.

> 고도로 분화된 사회에 의해 발생된 이질적인 규칙들은 어떤 전
> 前정치적인 '중첩합의'란 관념을 의심스럽게 만들어버리고 있
> 다. 오히려 합의는 정치체제의 산물, 즉 사회의 복잡성과 갈등
> 을 관리할 수 있을 정도로 축소하고자 하는 정체체제의 산물이
> 다. 이런 현실주의적인 관점에서 보면, 절대주의적인 고려보다
> 는 실용주의적인 고려가 더 적용되고 있다. 중요한 목표는 결과
> 물들이 어떤 절대적인 의미에 있어서 정의롭도록 하기 보다는
> 합의가 공정할 수 있도록 하는 것이다(1992, 254).

벨라미는 이런 관점에서 자유주의적 권리담론의 초문화적 · 보편적 특성을 비판한다. 자유주의적 권리담론은 인간의 번영에 대한 상이한 견해를 갖고 있는 공동체들은 상이한 권리의 체계를 발전시킬 수 있다는 가능성을 백안시한다는 것이다. 자유주의적 권리체계 내부의 권리들 간의 갈등—예컨대, 결사의 자유 대 차별로부터의 자유, 자신의 신체에 대한 산모의 자유 대 태아의 생명권 등등—은 결코 해결되기 어려운 비결정성(indeterminacy)을 갖고 있다. 때문에 권리들 사이의 평가는 어쩔 수 없이 질적인 성격을 띨 수밖에 없다. 그리고 권리들 사이의 질적인 평가는 상이한 인간 활동에 대한 상이한 가치평가를 반영하고, 이는 또한 가치 평가자들이 속해 있는 (문화)집단들의 상이성을 반영한다(1992,

255).

따라서 벨라미는 권리들을 보편적인 윤리적 합의에서 도출한 영구적인 보편적 원칙들로서가 아니라 특수한 생활 형태들의 조정원리들(co-ordinating principle)이란 관점에서 이해해야 한다고 주장한다. 이런 맥락에서 그는 법률과 권리 그리고 분배적 원리들을 각 사회가 그들의 일을 조정하기 위한 경험적 규칙(mere rules of thumb)에 불과한 것으로 간주하는 '민주적 자유주의'의 장점을 부각시킨다(1992, 257). 그것들은 상황변화와 필요에 따라 수정될 수 있는 임시적인 성격을 띤다. 그것들은 특정한 시점과 환경 속에서 사회생활의 혼란과 불확실성을 축소시켜주며, 그런대로 안정된 삶을 영위하는 데 필요한 기대의 규칙성(regularity of expectations)을 제공해준다.

이런 관점에서 보면, 개인과 집단의 자유는 성문화된 보장책들에 의해 보호되기보다는 시민들로 하여금 일정한 방식으로 행위할 수 있도록 해주는 동시에 타인에 의한 침해를 방어할 수 있는 수단이 되는 힘의 존재에 의해 보호된다. 자유주의 사회의 시민들이 향유하는 권리와 자유는 사회의 법률과 가치구조 그리고 그것들의 우선순위 구조에 달려 있는 만큼, 그들은 공동체의 성격을 결정하는데 일정한 역할을 할 수 있을 때에만 자유롭다고 말할 수 있다. 때문에 그들은 사회의 특수하고 집단적인 이해관계에 대해 숙의할 수 있는 제도적 장치로서의 민주주의를 필요로 하게 된다. 그 민주적인 제도적 과정을 통해 자유주의 사회의 구성원들은 실증적인 권리들을 갖게 된다. 그리하여 그 권리들은 前정치적인 자유주의적 인권 개념이 노정하는 결함들로부터 자유롭게 된다. 따라서 권리와 자유의 향유는 상당 정도 시민들 사이에 권력을 분배하는 민주제도적인 구조에 의존하게 된다. 광범위한 정치참여가 이루어지지 않는다면 국가기구들은 특수한 계급, 집단, 종교, 이데올로기 혹은 리더의 특수이익을 위해 그 기구를 사용하려고 하는 일부 파당의 손아귀에 장악되고 말 것이다. 그러므로 민주적인 결정의 범위를 축소함으로써 소수집단들의 권리를 보호하고자 하는 자유주의적 권리이론가들의 기대는 오히려 정책결정과 권력의 다양한 중심을 허용하는 민주주의의 존재에 의해 효과적으로 성취될 수 있다. 이 점에 대해 벨라미는 다음과 같이 정리한다.

사회생활의 다양한 영역이나 수준의 자율성을 인정하는 정치기능의 분화, 예를 들어, 사법적 기능과 행정적 기능의 분화와 지방정부와 중앙정부의 분화와 같은 정치기능의 분화가 없다면 헌법적 권리들은 쓸모가 없을 것이다. 왜냐하면 일단 불균형적인 권력이 제한된 집단이나 단일한 기관에 집중되면 개인의 자유는 이내 제약될 것이기 때문이다(1992, 258).

그러므로 벨라미는 정책결정 권력을 사회 전체에 걸쳐 두루 분산시킬 필요가 있으며 중앙정부의 권위를 제한할 수 있도록 그 기능범위를 명백히 지정해야 한다고 강조한다. 이런 체제는 다수결주의와 정부행위에 대한 '도덕주의적인' 헌법적 제약 대신에 '현실주의적인' 절차민주주의적 견제와 통제를 선호하게 될 것이라고 본다(1992, 259). 그리고 다양한 견해의 표출을 허용하고 그 견해들 사이의 중재를 촉진시키는 민주적 절차가 권리와 정의라는 前정치적인 자유주의적 관념들을 대신하게 될 것이라고 강조한다. 벨라미는 이런 식으로 다원주의를 적극 수용하게 되면 자유주의적이며 동시에 민주적인 체제를 유지할 수 있다고 본다. 그리하여 사회의 다양한 가치와 이익들을 반영해줌과 동시에 그들 사이의 상호조정을 가능하게 해주는 민주적인 제도들의 구성체야말로 '다원주의적 현실'에 적합한 진정한 '정치적 자유주의(political liberalism)'의 틀을 제공해줄 수 있다고 주장한다.

지금까지 살펴본 벨라미의 민주적 자유주의 이론은 오늘날 자유주의가 누구에게나 중요하다는 인식을 전제하고 있다. 그런 의미에서 그는 자유주의자로 분류되기에 전혀 손색이 없다. 하지만 그는 오늘날의 중요한 자유주의 이론들이 보편주의적인 윤리적 관점에서 권리체계를 규정, 다양한 윤리적인 체계들의 존재를 무시·억압하게 됨으로써 오히려 反자유주의적인 결과를 초래하게 되었다고 비판한다. 그러므로 그의 민주적 자유주의는 자유주의적 이상의 가치를 부정하는 것이라기보다는 그 가치들의 완전한 실현을 위해 민주주의가 우선적으로 확립되어야 한다는 입장으로, 민주주의 실현 없이 자유주의의 온전한 실현 또한 불가능하다는 '민주주의 우선적 자유주의'의 입장을 대변하는 것이다. 그가 주장하는 민주주의는 광범위하고 적극적인 시민의 참여를 보장해주는 제도화된 절차로서 다른 사적인 권리들의 원천이 됨과 동시에 그 권리들을 규제할 수 있는 절차적 근거로 작용하고 있다. 하지만 문제는 다원주의를 전폭적으로 수용하고 있는 벨라미의 입장에서 볼 때, 민주주의라는 제도적 장치가 복잡하게 얽혀 있는 다원적인 문화집단들 사이에서 어떻게 그처럼 보편적인 전폭적 지지를 얻을 수 있겠는가 하는 것이다. 현대사회의 다원주의가 보편적인 윤리적 합의에 입각한 헌정원리의 모색을 어렵게 하고 있다면, 그것은 또한 민주주의에 대한 보편적인 합의와 지지도 어렵게 하는 것이 아니겠는가?

(2) 참여민주주의자들

오늘날 대의민주주의제의 한계와 결함을 보완함으로써 자유주의적인 정치관행에 수정을 가하고 있는 일단의 참여민주주의자들 역시 '민주주의 우선적 자유주의'의 범주에 묶을 수 있다. 그들은 개인의 자율성이라는 자유주의적인 가치를 민주적인 '자치(self-determination)'의 원리로 확장·재구성함으로써 민주주의에 의해 제한된 자유주의 혹은 민주적으로 통제된 자유주의를 주창한다. 아래에서는 현대의 중요한 참여민주주의자들 중 페이트만(Carole Pateman, 1940s~), 다알(Robert Dahl, 1915~) 그리고 굴드(Carol C. Gould, 1946~)의 이론을 중심으로 '민주주의 우선적 자유주의'의 또 다른 흐름을 살펴보고자 한다.

페이트만은 루소, 밀, 콜의 저작들을 종합하여 참여민주주의 이론을 구성한다. 그에 의하면 국가적 수준에서의 대의제도의 존재는 민주주의를 위해 충분하지 않다(1970, 42). 왜냐하면 국가적 수준에서 최대의 정치참여가 가능하기 위해서는 그 선결요건으로 개인의 참여지향적 태도와 심리적 자질들이 미리 계발되어 있어야 하기 때문이다. 페이트만은 참여에 필요한 태도와 자질은 참여과정 자체를 통해서만 계발될 수 있다고 본다. 참여는 넓은 의미에서 교육적 기능을 담당한다. 즉, 그것은 능동적인 참여를 촉진시키는 심리적 특성 및 민주적 역량과 절차들을 습득하는 과정이다. 페이트만은 참여체제는 참여과정의 교육적 효과를 통해 스스로를 유지하기(self-sustaining) 때문에 안정성에 관한 문제를 발생시키지 않는다고 주장한다(1970, 42). 페이트만은 계속해서 다음과 같이 말하고 있다.

참여는 참여를 위해 필요한 바로 그 자질들을 개발하고 육성시킨다. 개인들이 보다 더 많이 참여할수록 그들은 더욱 더 잘 참여할 수 있게 된다. 참여에 대한 보충적 설명은 그것이 통합적 효과를 갖는다는 것이며, 집단적 결정의 수락을 돕는다는 것이다. 그러므로 민주정체가 존재하기 위해서는 참여주의적 사회가 존재하는 것이 필요하다. 다시 말해 민주정체가 존재하기 위해서는 모든 정치체제들이 민주화되고, 참여를 통한 사회화(socialization through participation)가 모든 영역에서 발생할 수 있는 사회가 필요하다. 가장 중요한 영역은 산업이다. 왜냐하면 대부분의 개인들은 작업장에서 그들 생애의 많은 부분을 보내기 때문에, 작업장에서의 일은 집단적 문제의 처리에 있어서 다른 어떤 영역과도 비교할 수 없는 교육적 효과를 제공해 주기 때문이다(1970, 42-43).

페이트만에 의하면 참여민주주의론의 두 번째 측면은 산업을 국가적 수준의 참여와 병행할 수 있는 추가적 참여영역으로 간주한다는 점이다(1970, 43). 페이트만은 다음과 같이 설명한다.

개인들이 자신의 생활과 환경에 대해 최대한의 통제력을 행사할 수 있으려면, 이러한 영역에 있어서의 권위구조들이 그들로 하여금 결정작성에 참여할 수 있도록 조직되어야만 한다. 이론에 있어서 산업이 중심적 위치를 갖는 그 이상의 이유는 개인들이 (평등한) 참여를 하는데 독립과 안정을 확보해줄 수 있는 실제적인 경제적 평등과 관련되어 있다. 다시 말해 산업적 권위구조의 민주화, 즉 '경영자들'과 '부하들' 간의 영속적인 구별의 폐지는 이러한 조건을 충족시키는 방향에로의 커다란 진일보를 의미할 수 있을 것이다(1970, 43).

페이트만의 참여민주주의 이론은 결정작성에 동등하게 참여할 수 있는 '정치적 평등'을 강조한다. 때문에 그의 이론에서는 최대한의 투입(참여)이 요구되고 산출(output)은 정책뿐만 아니라 개인의 사회적·정치적 능력의 발전까지도 포함하게 된다. 그런데 페이트만의 참여민주주의 이론은 전통적인 자유주의의 핵심가치인 자유를 보다 적극적인 차원에서 해석하여 민주적 과정에 직접 참여할 수 있는 참여의 권리로 확장시키고 있는 바, 이 권리의 행사를 위한 사회경제적 조건으로서의 평등의 상태를 지향한다. 따라서 페이트만은 민주적 정치과정에 대한 시민들의 자발적인 참여를 통한 시장기능의 부분적 제한 혹은 규제를 수용하고 있다. 이것은 페이트만이 자유주의적 전통을 버리지 않지만 민주적인 참여의 원리를 통해 자유주의를 보완하거나 극복하려는 시도의 결과라고 할 수 있다.

1950년대와 60년대에 다원주의적 접근을 주도했던 다알은 1970년대에 들어 다원주의적 접근의 결함을 인정하고 산업민주주의, 즉 근로자들의 자치경영 체제를 지지함으로써 참여민주주의론을 옹호하게 되었다(Dahl, 1956; Dahl, 1961; Dahl, 1982; Dahl, 1985). 다알은 1970년 『혁명이후?*After the Revolution?*』에서 기업의 모든 근로자들에게 기업을 스스로 관리할 수 있는 권력이 주어진다면 미국의 민주주의는 더욱 더 완전해질 것이라고 선언했다. 큰 공동체의 대의정부는 정책결정자들이 일반 시민들로부터 너무 멀리 떨어져 있다. 그는 오직 기업에서의 자치경영(self-management)만이 그 손실을 메울 수 있다고 주장했다(1970, 142). 비록 자치경영체제가 약간의 효율성 손실을 초래해도 그 손실은 민주적 참여와 통제의 바람직성, 그리고 그에 수반되는 자기발전과 인간적 만족에 의해 상쇄될 수 있다고 강조했다(1970, 132).

다알은 1980년대에도 이 주장을 되풀이했다. 그는 "우리가 국가의 통치에서 행해온 것처럼 기업관리에서도 민주적 과정에 대한 권리를 행사하지 말아야 할 설득력 있는 이유가 없다"고 주장했다(1985, 135). 이 주장의 논리는 어떤 가정들—즉, 모든 성인들은 자신의 이익에 대한 최종적인 판단자라는 '자유의 원리'와, 각 개인의 선은 동등하게 고려되어야 하며 결사의 모든 성인 구성원들은 구속력 있는 집단적 결정에 동등하게 참여할 수 있는 권리를 가져야 한다는 '평등의 원칙'—이 타당하다면, 그 가정으로부터 결사의 구성원들은 "민주적 자치에 대한 양도할 수 없는 권리"를 갖는다는 논리적 결론을 도출할 수 있다는 것이다. 나아가서 이 가정들은 경제조직 내에서도 타당하기 때문에 일터에서도 동일하게 적용되어야 한다고 주장한다. 그는 기업에 대한 근로자의 자치 경영은 일터에서의 소외감을 감소시킬 뿐만 아니라 정의와 민주주의라는 가치의 증진에 기여할 것이고, 우리를 보다 나은 시민들로 변모시킴으로써 국가 차원에서 민주주의의 질을 향상시킬 것이라고 주장한다.

이런 다알의 주장에 대해 다음과 같은 반론이 예상될 수 있다. 즉, 경제조직에서의 근로자들의 자치는 사유재산권 특히 기업의 사적 소유권을 침해할 것이라는 비판이 있을 수 있다. 이에 대해 다알은 "자치라는 근본적 권리에 비교해볼 때 사유재산권에 대한 어떠한 정교한 옹호도 만족스럽지 않다"고 단언한다. 더구나 사유재산권에 대한 어떤 옹호도 사유재산의 무제한적 축적의 권리를 정당화하지 못하며, 따라서 기업의 사적 소유도 성공적으로 정당화하지 못할 것이라고 반박한다(1985, 82-3).

근로자들의 경영참여 결과에 대한 다양한 실증적 연구를 검토하면서 달은 상반되는 증거들에 직면한다(1985, 96-8). 하지만 다알은 미국과 유고슬라비아에서의 근로자들의 경영참여 경험이 그들의 소외감만을 더 크게 만들었다는 실증적 연구결과를 인용하면서도 낙관론을 견지한다. 그는 미국과 유고슬라비아의 경험은 아직도 초기 단계에 있기 때문에 지속적으로 자치를 경험할 경우 유익한 변화가 일어날 것이라고 믿고 있다(1985, 98).

다알의 약점은 여러 가지 비판에 직면하여 적극적인 이론적 대응을 못하고 있다는 것이다. 즉, 그는 실증적인 데이터들을 제시하지 못한 채 두 가지 '소신'만을 밝히고 있다. 자치경영기업은 기업가의 사유재산권을 침해하지 않는다는 소신과 자치경영은 위계적으로 경영되는 기업에 비해 결코 효율성이 떨어지지 않는다는 소신이 그것이다.

하지만 이 변론은 자치경영이 기껏해야 (부분적으로) 허용되거나 실천가능하다는 정도의 함의만을 가질 뿐 자치경영제 도입의 규범적 당위성을 입증해주지 않는다. 예컨대, 그는 사유재산권의 정당성이 성공적으로 입증되지 않았다고 주장하지만 공동재산개념의 규범적 근거도 제시하지 못한다. 사유재산권 체계가 정치적 자유를 침해하는 부의 불평등을 야기한다고 비판하지만, 부의 불평등은 소유제의 개혁을 수반하지 않는 재분배 정책에 의해서도 치유될 수 있다(Gould 1988, 151).

다알을 비롯한 현대의 참여민주주의 이론가들이 공유하고 있는 또 다른 문제는 권력과 관련된 실천적 문제이다. 다알이 지지하는 참여민주주의 체제로의 이행은 기업 엘리트들의 기득권에 대한 심대한 도전을 수반한다. 기존의 권력구조에 대한 개혁은 기업가들의 기득권(권력)에 대한 강력하고도 지속적인 압력을 통해서만 점진적으로 이뤄질 수 있다. 하지만 다알은 참여주의적인 질서의 청사진만을 펼쳐 놓을 뿐 전혀 전략적인 고려를 하지 않는다.

참여의 존재론(인간론)적 토대를 확립하고 그로부터 모든 영역을 참여적 민주주의 체제로 전환할 것을 모색하는 굴드는 자유 개념과 평등 개념에 대한 적극적 재해석을 토대로 민주주의를 정치적 영역을 넘어 사회경제적 영역에까지 적용될 수 있는 원리로 승화시킨다(Gould 1988). 굴드의 재해석에 따르면 자유는 '자유로운 선택' 뿐만 아니라 '자기발전의 활동' 까지도 포함한다. 이 자유 개념은 개인들이 모두 동등한 행위주체라고 전제하기 때문에 모든 개인의 평등을 함축한다. 또한 자기발전으로서 자유 개념은 그 조건으로서의 사회협력을 필요로 하며, 나아가서 물질적 조건에 대한 접근을 포함하는 것으로 해석된다. 그 결과 개인들의 평등은 자기발전을 위한 조건에 대한 권리에까지 확장된다. 그리고 이 권리로부터 자기발전의 조건들 중 공동의 활동에 관련된 결정과정에 참여할 수 있는 권리가 파생된다. 이 공동의 결정 영역은 정치적인 영역뿐만 아니라 사회경제적인 삶의 영역까지도 포함한다. 굴드는 이처럼 자기발전에 대한 동등한 권리로서 이해되는 '평등한 자유' 개념을 민주적 참여의 도덕적 근거로 간주한다.

굴드에 의하면 자기발전으로서의 자유는 평등과 사회협력을 요구한다. 평등한 개인들 사이의 사회협력은 행위주체로서의 개인적 자유를 요구하기 때문에 개인의 자유와 평등 그리고 사회협력은 서로가 서로의 실현조건이 되는 상보적 관계를 형성하고 있다.

게다가 이런 가치들의 상보성은 민주주의를 확장함으로써만 구현될 수 있는데, 그 까닭은 민주주의적 참여만이 개인의 자유 혹은 자기발전의 권리를 공동의 사회적 활동 속에서 타인들과 함께 그리고 평등하게 행사할 수 있게 해주기 때문이다.

민주주의적 참여를 최대로 확장해야 한다는 굴드의 주장은 이와 같은 자유 개념에 그 토대를 두고 있다. 그의 자유 개념은 사회적·정치적 질서의 재편을 위한 규범적·윤리적 토대로 작용하기 때문에 사회경제적 평등을 증진하거나 사회협력을 촉진하기 위해 국가권력이나 중앙집권적 권위를 증대하는 것을 원칙적으로 배제한다. 왜냐하면 국가권력의 증대와 간섭은 합동의 집단적 결정과정에 최대한 참여할 수 있는 개인의 권리(자유)를 침해할 것이기 때문이다.

굴드는 나아가서 개인의 본성과 사회적 실재의 본질에 대한 분석을 통해 참여민주주의의 존재론적 토대를 확고히 다진다. 개인의 사회적 본질을 분석함으로써 그는 개인과 사회를 대립적으로 보는 전통적 시각을 극복하고, 개인적 자유와 사회적 평등을 양립 가능하게 재설정한다. 그리하여 참여민주주의의 정당성을 이와 같은 존재론, 즉 행위주체로서 그리고 사회적 존재로서의 개인의 본질로부터 논리적으로 도출한다.

굴드의 이론에서 특히 주목할 부분은 권위와 민주적 참여의 관계에 대한 부분이다. 권위에 대한 기존의 유력한 설명들은 권위를 일종의 권력으로 간주하든지(T. Parsons, C. Lindblom), 아니면 규칙에 따라 획득된 정당성(M. Oakeshott, R. Flathman, P. Winch)으로 간주한다. 그리하여 권위를 타인들에 대한 권력행사 또는 (이유를 불문한) 복종의 요구와 동일시한다. 하지만 굴드는 이런 권위 개념은 다양한 이유들을 비판적으로 판단한 후 행동하는 행위주체의 능력을 전혀 고려하지 않기 때문에 참여민주주의에 적합하지 않다고 본다(1988, 218-219).

굴드는 개인의 행위능력(자유의 능력) 및 참여와 양립할 수 있는 권위 개념을 모색하는바 권위를 '동등한 행위능력의 존중' 원칙으로부터 도출한다. 그렇게 도출된 권위는 위계적인 지배권력도 일방적인 정당성도 아닌 공동의 프로젝트 속에서 공유하는 합동적 권위(joint authority)로 이해된다. 각 행위자들은 공동으로 참여하여 집단적 결정을 내리기 때문에 권위는 '관계 속에 있는 개인들(individuals in relations)'에 의해 구성되며, 따라서 정당성을 그 구성체 바깥에 있는 어떤 원천으로부터 끌어올 필요가 없다. 다시 말해 규칙이나 법률, 제도 혹은 국가와 같은 추상적 실체들로부터 도출할 필요가 없다. 권위의 원천은 각 개인들의 행위 능력 속에 고루 분배되어 있기 때문이다(1988, 221).

굴드는 이런 권위 개념이 불가피하게 대의원들을 선출해야 하는 비교적 큰 규모의 결사에도 적용될 수 있다고 본다. 하지만 권위의 원천이 각 개인들의 행위능력 속에 고루 분포되어 있다고 보는 굴드의 입장이 집단을 위해 결정을 내리는 대의원들의 존재와 어떻게 양립가능한가? 대의제는 위계적인 권위 개념과 부합하는 것처럼 보이기 때문이다. 하지만 굴드는 권위는 집단 혹은 조직의 구성원들로부터 도출되고 또 그들에 의해 검토되고 폐지될 수 있기 때문에 반드시 위계적으로 볼 필요가 없다고 주장한다(1988, 224). 민주적으로 조직화된 집단에는 대의원 선출방식과 그들의 적절한 기능을 정해놓은 규칙들이 있는데, 그 규칙들은 구성원들에 의해 수정되고 폐기될 수 있다. 그리고 그런 절차에 의해 구성된 권위체들은 구성원들의 이익을 위해 봉사해야 한다는 추가적인 (권위부여의) 조건에 의해 보완되기 때문에 위계적이고 억압적일 수 없다. 대의제는 엄격한 위임(mandate)으로부터 자유재량 대표에 이르기까지 스펙트럼을 형성하고 있는데, 굴드는 가능한 한 엄격한 위임에 가깝도록 대의제를 운용한다면 대의제와 참여적 권위가 양립가능하다고 생각한다. 그리고 대의제를 주민소환제나 주민투표제 그리고 (주민)자문 등과 같은 제도를 통해 보완하는 경우 대의제는 참여민주주의와 잘 조화할 수 있다고 낙관한다 (1988, 225). 요컨대 굴드는 결사의 구성원들에게 놓여 있는 '근본적 권위(fundamental authority)'와 일정한 절차와 조건하에서 대의원들에게 위임되는 '파생적 권위(derived authority)'를 구분하고, 파생적 권위는 구성원들의 이익에 봉사할 수 있도록 구성원 스스로에 의해 제도화되고, 제한되며, 폐기될 수 있어야 한다고 강조한다. 굴드는 이런 주장을 사회적·경제적 제도들에까지 확장시키며(1988, 226-227), 테크놀로지와 테크놀로지 발전의 민주적 통제에까지 적용시킨다. 그리고 민주적 결정작성과정에 효과적으로 참여할 수 있는 민주적 성품의 문제와 국제관계에서의 민주적인 원리들이 어떻게 확장해석될 수 있을 것인가를 다룬다.

이 글의 주제와 관련, 굴드의 기본 입장은 '시장에 대한 민주주의의 우선성'으로 정리할 수 있다. 이 점은 인권과 기본권에 대한 그의 설명에서 분명히 드러난다. 시민적·정치적 권리만을 인권의 범주에 포함시켜야 한다는 크랜스톤(M. Cranston)과 다우니(R. Downie)의 입장과 달리 굴드는 시민적·정치적 권리와 함께 경제적 권리까지도 인권 개념에 포함시킨다(1988, 190-214). 그는 특히 정치적 권리에 속하는 민주주의에 대한 권리와 더불어, 정치영역 밖의 사회적·경제적·문화적 활동과 관련된 정책결정과정에 대한 참여의 권리도 근본적인 인권 속에 포함시키고 있다(1988, 191). 이것은 여타 이론가들과 다른 점으로 굴드의 입장을 '민주주의 우선적 자유주의'로 규정할 수 있는 직접적이며 결정적인 근거가 된다.

굴드는 인권의 궁극적 근거를 인간의 본성 속에서 찾고 있으며, 그 가장 중요한 특성으로 자유로운 행위능력(free agency)과 사회적 개인성(social individuality)을 든다. 굴드는 이 능력으로부터 '평등한 적극적 자유(equal positive freedom)' 개념을 도출하고 이로부터 인권에 대한 설명을 전개함으로써 인권의 범주에 사회적·경제적 권리를 포함시켜야 한다고 주장한다. 이 주장의 논리적 전개는 다음과 같이 요약해볼 수 있다.

'평등한 적극적 자유' 개념은 인간 활동의 특성에 근거하는 바 그 자유는 자기발전의 조건으로서 활동의 목적을 자유롭게 결정할 수 있는 자유를 필요로 한다. 그리고 공동의 사회적 활동은 자기발전을 위한 사회적 조건의 하나이기 때문에 모든 개인들은 이런 활동에 관련된 결정과정에 참여할 수 있는 평등한 권리, 곧 인권을 가지고 있다(1988, 209-210). 정치적 형태로서 이 참여의 권리는 정치적 자치 곧 민주주의를 위한 요구로 나타나며, 다른 형태로는 사회적·경제적·문화적 생활과 관련된 공동의 결정과정에 참여할 수 있는 권리로 나타난다.

그런데 다양한 삶의 영역에서의 공동의 결정과정에 참여할 수 있는 권리는 그 권리를 실현할 수 있는 제도적 형식들로 구체화되어야 한다. 그리하여 이 참여의 권리를 정치영역에서 실현한 것을 보통선거권으로 이해할 수 있듯이, 노동자의 자치경영과 경제적 민주주의는 이 참여의 권리를 경제적 영역에서 실현한 형태로서 이해할 수 있다. 나아가서 이 권리는 사회적·문화적 영역에서도 자치적인 결정방식의 채택을 통해 실현될 것이다.

이런 주장에 입각하여 굴드는 다소 느슨한 권리들의 우선순위를 결정한다(1988, 210-211). 먼저 두 개의 근본적 권리 혹은 기본권으로서 생명의 권리와 자유의 권리가 있다. 이 권리들은 인간의 모든 활동에 필수적인 조건이 되며 또 다른 권리들의 실현에 필수적이라는 점에서 근본적인 권리들이다. 생명에 대한 권리는 살해당하지 않을 권리와 생계수단에 대한 권리, 기본적인 건강관리에 대한 권리, 환경적 위험을 회피할 수 있는 권리, 직업 및 교육 그리고 여타의 사회활동을 할 수 있는 권리들의 근거가 된다. 그리고 자유의 권리는 소극적 자유에 속하는 권리들과 적극적 자유에 속하는 권리들 모두를 포함한다. 그러므로 외부의 간섭으로부터 보호를 받을 수 있는 권리들 및 자기발전으로서의 자기표현을 위한 조건과 기회에 대한 권리까지도 포함한다. 소극적 권리들과 적극적 권리들은 서로의 실현 조건이 된다는 점에서 상보적이다.

굴드는 이 맥락에서 특히 재산권의 지위를 다루고 있다. 굴드에 의하면 재산권은 아주 중요한 권리임에 틀림없다. 하지만 그 권리는 전통적으로 이해되어 왔듯이 어떤 독립적인 권리가 아니라 적극적 자유의 권리로부터 도출되는 권리라고 본다(1988, 212). 재산권은 개인의 생존을 유지하고 자신의 능력을 행사하기 위한 조건 혹은 수단으로서의 의미를 갖는다. 재산은 직접적으로 생계수단을 확보하는데 필수적일 뿐만 아니라 행위능력의 표현을 가능하게 해주는 조건이 된다는 점에서도 중요하다. 재산권은 두 가지 형태를 띠고 있는데 그 한 가지는 사유재산형태이며 다른 한 가지는 사회적 재산형태이다.

이외에도 굴드는 적극적 자유 개념으로부터 파생된 다양한 권리들—예컨대, 사회적·경제적·문화적·정치적 생활의 정책결정과정에 참여할 수 있는 권리, 타인에 의해 인격으로서 인정받을 수 있는 권리, 성품과 지성의 계발에 대한 권리, 교육을 받을 권리 등등—을 열거하고 있다(1988, 212-213).

인권에 대한 지금까지의 설명에서 굴드가 시종일관 강조하는 것은 인간 집단생활의 모든 방면에 참여함으로써 함께 공동의 결정을 할 수 있는 참여권리의 중요성이다. 정치영역에서뿐만 아니라 사회적·경제적 영역에서도 이 참여의 권리는 가장 기본적인 권리로서 존중되어야 한다는 그의 입장은 집단적 의사결정이 내려지는 모든 공동생활의 영역은 참여민주주의적으로 제도화되어야 한다는 강력한 메시지를 담고 있다. 따라서 굴드가 비록 시장경제와 시장경제를 뒷받침하는 권리들—사유재산권, 자유로운 계약의 권리, 영리추구의 권리 등등—을 수용하고 개인의 자기발전에 있어서 그 권리들의 중요성을 인정하고 있다고 해도 필요할 경우 참여민주주의적 결정에 의해 규제될 수 있는 가능성은 얼마든지 존재한다. 시장에 대한 민주주의적 규제는 시장의 재산관계에 의해 발생할 수 있는 지배와 착취의 가능성을 차단하는 한편 시장이 공정하지 못한 관행들—가격담합, 독점 등등—에 의해 왜곡되는 것을 바로잡는 역할을 한다(1988, 254). 따라서 굴드의 이론에서 시장경제는 민주주의에 의해 규제 또는 제약된 시장경제라고 할 수 있으며, 그의 이론은 자유주의로 분류될 수 있는 가장 좌익의 자유주의로서 '민주주의 우선적 자유주의'에 속한다고 할 수 있다.

(3) 왈저(Michael Walzer)

왈저(1936~)는 샌들(M. Sandel), 매킨타이어(A. MacIntyre), 테일러(C. Taylor), 에찌오니(A. Etzioni), 벨라(R. Bellah) 등과 더불어 현대의 대표적인 공동체주의 정치이론가로 알려져 있다. 그런 점에서 먼저 왈저를 자유주의자로 분류하여 다루는 것에 대한 약간의 변명이 필요하다. 왈저는 존재론과 인식론 그리고 방법론 등의 차원에서 현대의 자유주의자들과 적지 않은 차이를 보이고 있다. 때문에 그는 개인의 사회적 본성 및 공동체의 본질, 그리고 개인과 공동체의 관계에 대해 현대 자유주의자들과 의미심장한 차이를 드러내고 있다. 하지만 다른 한편으로는 현대 자유주의 사회의 주요 가치와 제도들을 긍정·수용하고 있다는 점에서 자유주의적인 측면을 포함하고 있다. 그는 개인의 자율성을 높이 평가하고 권리의 부분적 필요성을 긍정하고 있으며 자유민주주의적 제도들의 가치를 인정하고 있다. 그러므로 이런 공통적 측면에 초점을 맞춰 접근해보면 그는 '공동체주의적인 자유주의자'로 인정되기에 충분하다. 따라서 이 글에서는 왈저를 자유주의자로 간주하고 그의 이론에서 시장과 민주주의의 지위와 관계가 어떻게 설정되어 있는지를 살펴보고자 한다.

왈저는 자신의 정치이론에서 '공동체주의적인' 방법론에 상당한 비중을 두고 있다. 그리하여 그의 관심사는 정의에 관한 이론을 어떻게 구축하고 옹호할 것인가 하는 문제로 압축하여 표현할 수 있다. 정의의 문제에 접근함에 있어 그는 문화특화적 (particularistic 혹은 culture-specific) 접근방법을 주창한다. 이 방법은 정의로운 분배의 대상이 될 재화의 '사회적 의미'를 문화적 전통과 맥락 속에서 해석하고 적용하는 방법이다. 그런 점에서 그 방법은 문화내재적 이해방법이라고 할 수 있다. 왈저는 이 방법에 의거, 분배적 정의의 영역을 다원화시킨다. 그리하여 각 영역에 고유한 재화의 '사회적 의미'를 밝혀서 그 영역에만 적용될 수 있는 분배기준과 방식을 확인하고 그에 따라 그 영역에 고유한 방식으로 재화를 분배할 것을 제안한다. 즉, 상이한 사회적 가치(재화)는 상이한 절차와 상이한 주체에 의해 그리고 상이한 이유에 따라 분배되어야 하며, 이 모든 차이들은 사회적 가치(재화) 그 자체에 대한 상이한 이해—이는 역사적 · 문화적 특수주의의 불가피한 산물—로부터 도출되어야 한다고 주장한다(Walzer 1983, 6).

'재화특정적'이고 '문화특화적'인 왈저의 방법론은 명백히 보편주의를 거부하고 있다는 점에서 '사회적 기본가치들'의 보편적 성격을 은연중 인정하고 있는 롤즈의 입장과는 큰 차이가 있다. 롤즈에 의하면 "사회적 기본 가치는 개인이 그 외의 어떤 것을 바라든지 간에 원하는 것이다", "이들 사회적 기본 가치들은 개인들이 일반적으로 합리적 인생계획을 수립하고 실행하는 데 필요하기 때문에, 그 외에 무엇을 원하든지 간에 이들 기본 가치들을 원하는 것이 합리적이다."(Rawls 1971, 433)

하지만 왈저는 플라톤의 '동굴의 신화'를 보편주의의 예로 제시 · 비판하며 정치이론가 혹은 사회철학자의 임무는 문화적 특수성과 차이를 갖는 사회적 맥락을 초월해서는 안 된다는 것을 강조한다. 그는 "나는 동굴 속에, 도시 속에, 땅 위에 서 있을 작정이다"고 선언한다.

이런 방법론적 입장으로 인해 그는 "분배정의에 관련된 모든 재화는 사회적 재화"로서 재화가 속해 있는 공동체로부터 그 고유한(특수한) 의미가 도출되기 때문에 어떤 재화도 보편적 본질을 갖지 않는다고 주장한다(1983, 7). 그리고 그 재화의 의미가 구성되는 과정은 개인적이 아니라 사회적이기 때문에 사회에 따라 다른 의미를 지니게 되고, 따라서 그 고유한 의미는 사회특화적으로 해석해야 한다고 주장한다.

재화의 작동을 결정짓는 것은 재화의 의미이다. 분배의 기준과
제도들은 재화 그 자체에 본원적인 것이 아니라 사회적 재화에
본원적이다. 그것이 무엇인지, 그것을 재화로 여기는 사람들에
게 그것이 무엇을 의미하는지를 이해한다면, 우리는 그것이 어
떻게, 누구에 의해, 그리고 어떤 이유에 의해 분배되어야 하는
지를 이해하게 된다. 모든 분배는 관련 재화의 사회적 의미에
따라 정당하거나 부당하다(1983, 8-9).

이런 방법에 따라 그는 정의의 핵심적 내용을 '복합평등
(complex equality)'으로 규정한다. 그것은 상이한 재화는 상이한
이유에 따라 분배되어야 한다는 원칙으로 정리될 수 있다. 전통적
인 평등개념은 지배적인 한 가지 재화를 평등하게 분배하는 것을
정의의 주된 내용으로 삼고 있다는 점에서 지나치게 '단순한' 평
등론이다. 예컨대, 왈저는 보다 구체적으로 다음과 같이 말한다:
"의미들이 고유할 때 분배는 자율적이어야 한다.……돈은 성직
영역에 부적합하다. 즉 다른 영역으로부터의 침범인 것이다. 그리
고 신앙심은, 일반적으로 이해되어온 바에 의하면, 시장에 어떠한
영향을 미쳐서는 안 된다"(1983, 10).

그런데 재화는 각각의 고유한 의미에 따라 분배되어야 한다는
그의 주장의 취지는, 재화 하나 하나의 분배보다는 그들 간의 교
환방지에 초점을 두고 있다. 예를 들어 돈이 많은 사람이 의료와
교육의 재화를 독점하는 것은 돈이 자신의 고유 영역인 시장경제

의 영역을 벗어나는 것이므로 옳지 못한 것이다. 따라서 정의를 실현하기 위해서는 돈이 자신의 고유 영역인 시장경제의 영역을 벗어나 다른 영역에까지 그 지배권을 확장하지 못하도록 해야만 한다. 이런 관점에서 보면 돈과 다른 재화의 교환을 금지하기보다 는 돈이라는 한 가지 지배적인 재화를 보다 평등하게 분배하는 데 초점을 맞추어온 전통적인 방법은 지나치게 '단순한' 평등을 추구해왔다고 할 수 있다.

이런 맥락에서 그는 '독점monopoly'과 '지배domination'라는 개념을 도입한다. '독점'은 한 재화가 자신의 고유한 영역에서 한 개인이나 집단에 의해 성공적으로 확보되어 지배를 위한 수단이 된 상황을 의미한다. 그리고 '지배'는 한 재화가 그 고유한 영역을 넘어서 다른 영역들에서도 그 영향력을 발휘할 때, 다시 말해 마음대로 다른 재화로 전환되어 사용되는 상황을 의미한다. 왈저가 생각하는 정의의 내용은 각 재화들이 각각의 고유한 영역에서 그 영역을 넘지 않고 각자의 적합한 기준에 의해 자율적으로 분배되는 것이다. 그렇게 되면 각각의 영역에서 재화의 불평등한 분배가 발생할 수 있지만, 그 불평등은 다른 영역들에서의 불평등들과 상쇄될 수 있어서 전체적으로는 지배가 없는 상황이 될 수 있다고 본다.

왈저는 자신의 '복합평등'에 비해 '단순평등'은 지극히 불안정하다고 주장한다. 지배적인 한 가지 재화가 평등하게 분배된다고 해도 그것은 여러 가지 이유로 이내 다시 불평등하게 소유되고 만다. 그러므로 단순평등을 유지하기 위해서는 강력한 국가가 필요하게 된다. 그리하여 국가의 권력 자체가 새로운 경쟁의 장이 될 가능성이 커진다. 그리하여 단순평등은 지속되기도 어려울 뿐만 아니라 다른 영역에서의 불평등을 산출하게 된다.

반면에 '복합평등'은 '독점'을 없애거나 제약하는 전략 대신에 특정한 재화의 '지배', 곧 영역침범을 줄이는 데 초점을 둔다. 다시 말해 특정 재화가 다른 재화로 전환될 수 있는 가능성을 줄이며 분배영역들의 자율성을 옹호하는 것이다. 그리하여 '복합평등'이 실현된 사회는 "특정한 재화가 일반적으로 전환가능하지 않은 사회"를 의미한다(1983, 17). 이 사회에서도 사소한 불평등은 존재하겠지만 한 재화의 불평등한 분배가 다른 재화의 불평등한 분배로 증폭되지 않기 때문에 국지적 불평등이 일반적인 불평등으로 확대되지 않는다.

그런데 이상의 내용을 갖는 왈저의 문화특화적 정의 이론은 상당한 민주적 함의가 있다. 즉, 분배에 대한 논의는 각 문화의 고유성과 그 구성원들의 견해를 존중해야 한다는 그의 입장은 민주적인 함축성이 있다. 흔히, 보편주의는 非민주적인 함의가 있는 것으로 지적되곤 한다. 왈저 역시 롤즈와 하버마스 이론의 보편주의와 그 제국주의적·非민주적 함축성을 꼬집는다. 왈저가 이해하는 바의 민주주의는 옳은 진리에 도달하는 데 가치가 있는 것이 아니라 시민의 의사를 구현할 수 있는 결정을 내리는 데 있다. 민주정치는 언제나 시민들로 하여금 공동으로 행위하도록 촉구하며, 자신을 자신과 타인의 운명을 선택하고 수락할 수 있는 시민으로, 그리고 분배적 영역들을 감시하고 정의로운 사회를 유지할 수 있는 시민으로 인식하도록 초대한다(1983, 311). 하지만 철학은 동료 시민들의 견해와는 다른 지위의 권위를 자신의 철학적 결론에 부여함으로써 그것을 곧 바로 입법의 기초로 삼고자 하는 경향이 있다. 철학자들은 비록 사심이 없다고 해도 시민들의 '전통, 관습, 기대'에 의해 이루어지는 문화적 차이를 압도하고, 단일한 진리를 강요하려는 경향성이 있다는 점에서 경계할 필요가 있다.

그는 '철학에 대한 민주주의의 우선성(the priority of democracy over philosophy)' 명제에 입각하여 문화특화성과 다원주의를 옹호하고자 한다. 그는 보편적인 개인의 권리를 강조하는 권리중심적 사고는 인민의 의사결정과정인 민주주의의 범위를 제약하는 反민주적 함의가 있다고 주장한다. 이런 관점에서 그는 권리중심적 자유주의가 공동체의 특수성을 무시하게 되고, 시민들 사이의 민주적 교류와 의사소통을 통해 형성될 수 있는 영역별 정의의 가능성을 봉쇄한다고 본다.

그렇다면 권리의 보편성과 철학의 우선성(보편적 진리)에 부정적인 왈저의 문화특수주의는 극단적인 상대주의로 빠지고 있지 않는가? 그 결과 자신의 복합적 평등론의 우월성도 '객관적으로' 주장할 수 없지 않을까? 그리고 다른 문화의 내적 억압성을 비판할 수 있는 근거도 제시할 수 없지 않을까? 실제로 왈저는 "정의는 사회적 의미에 대해 상대적이다.……사회는 실질적인 삶이 일정한 방식으로, 즉 구성원들의 공유된 이해에 충실한 방식으로 영위될 때 정의롭다"고 주장한다(1983, 312-3).

하지만 왈저는 『해석과 사회비평Inderpretation and Social

Criticism』(1987) 및 『비평가 모임*The Company of Critics*』(1988)에서 자신의 방법론적 주장이 근본적인 사회비판을 불가능하게 하지는 않는다고 대응하면서 '내재적인 비판(internal criticism)'이 가능하다고 주장한다. 예컨대, 압박받고 소외된 사람들의 태도로부터 카스트제도나 계급사회를 내재적으로 비판할 수 있다고 주장한다. 그런데 여기서 왈저가 강조하는 것은 사회비판의 가능성 여부보다는 사회비판이 구상되고 제기되는 방식에 관한 것이다. 다시 말해 그 비판은 '문화 내재적인' 혹은 '문화와 관련된' 것이어야 하지, 그 문화와 전혀 동떨어진 외적이고 보편적인 관점으로부터 도출되어서는 안된다고 하는 것이다. 어떤 것의 사회적 의미는 고정된 것이 아니라 끊임없이 진화하고 재해석이 가능할 뿐만 아니라, 모든 문화는 내적인 긴장과 모순적인 요소들을 포함할 수도 있다. 문제는 시민들이 이와 같은 다양한 문제들에 자신의 입장을 개진하고 공유할 수 있는 재화의 사회적 의미를 확립하는 일이다. 그리하여 그는 이와 같은 자신의 입장에 가장 잘 어울리는 제도적 형태로서 '민주사회주의(democratic socialism)'를 제시한다. 민주사회주의는 최소한 부분적으로나마 지방공무원들과 아마추어 공무원들에 의해 가동되는 강력한 복지국가, 제약된 시장(constrained market), 개방적이고 脫신비화된 공무, 독립적인 공립학교, 근면과 여가의 조화, 종교생활과 가정생활의 보호, 계급과 서열로부터 자유로운 공적인 서훈제도 등을 갖추어야 한다. 하지만 이런 모든 제도들보다 중요한 것은 그 안에서 편안함을 느끼고 그 제도들을 지킬 태세가 되어 있는 남녀시민들의 존재이다(1983,

왈저의 민주사회주의는 시장경제를 근본적으로 부정하지 않는다. 그것은 단지 자본과 돈의 불평등이 시장영역을 넘어 다른 영역의 재화로 전환되어 또 다른 불평등의 힘으로 작용함으로써 자본의 전제를 불러올 수 있다는 염려를 반영하고 있다(1983, 316-318). 영역에 고유한 정의의 의미와 기준들을 강조하는 그의 복합평등론은 시장에서의 불평등한 분배가 다른 영역에서의 불평등의 원인이 되지 않도록 차단시키는 목적을 갖고 있다. 따라서 그 결과만을 본다면 지금까지 돈과 자본을 통해 부당한 지배력을 행사했던 기업과 자본가들의 권력 혹은 영향력을 제한시키는 효과를 가진다고 할 수 있다.

왈저의 복합적 평등론은 자본과 돈의 지배를 철저히 시장경제의 테두리에 묶어두려고 한다. 때문에 현재의 미국사회를 배경으로 삼아 그 의의를 따져본다면 지금보다는 훨씬 더 평등주의적인 복지국가를 지향하는 것으로 볼 수 있다. 그동안 미국사회에서는 정치권력과 경제권력이 밀접히 연관되어왔을 뿐만 아니라 의료와 교육과 같은 영역에서도 자본의 영향력이 지배적이었다고 할 수 있다. 최소한 왈저는 그렇게 본다. 그러므로 돈과 자본의 전제를 비판하고 그것들을 그들의 고유한 영역에 묶어두고자 한 왈저의 시도는 분명 평등주의적이며 복지주의적 지향성을 갖는다고 할 수 있다(1983, chap. 3, 318).

하지만 돈의 의미에 대한 왈저의 해석이 돈에 대한 현재 미국 사회에서의 지배적인 이해를 반영하는지는 지극히 의심스럽다. 미국 사회에서 돈은 그것이 어떤 것이든 무엇을 얻기 위한 만능재로 인식된다. 돈으로 좋은 교육과 의료혜택을 살 수 있으며 정계로 진출할 수 있는 발판을 마련할 수 있기 때문에 돈은 만능재로서 선호된다. 이것이 만일 돈에 대한 현재 미국 사회의 지배적인 이해라고 한다면, 돈을 철저히 경제영역에 묶어두고자 하는 왈저의 시도는 돈에 대한 미국 사회의 지배적인 이해와 역행하는 것이다. 그럼에도 불구하고 정의문제를 영역별로 독립적으로 다뤄야 한다고 주장하는 왈저의 입장은 지금까지 시장이 행사했던 과도한 영향력을 제한하는 효과를 지니고 있다. 그리고 여기에 모든 영역에서 아마도 민주적으로 형성된 구성원(참여자)들의 공동의 이해를 강조하는 왈저의 입장은 시장 영역에서의 돈과 부의 분배도 민주적인 합의에 따라 이루어져야 한다는 함축성을 지니고 있는 바, 그의 민주사회주의는 '민주주의 우선적 자유주의'로 범주화할 수 있는 좋은 근거가 된다고 하겠다.

7. 시장과 민주주의의 동태적 균형을 찾아서

　지금까지 살펴본 바와 같이 현대 자유주의 사회의 주요 두 제도인 시장과 민주주의의 관계를 어떻게 설정하느냐 하는 문제는 현대 자유주의 전통 내에 존재하는 다양한 입장 차이를 이해할 수 있는 중요한 한 가지 기준이 된다. 이 기준에 따를 경우 민주주의에 대해 시장의 우선성을 옹호하는 자유주의자들은 현대의 자유주의 전통 내에서 가장 우익을, 그리고 시장에 대해 민주주의의 우선성을 옹호하는 자유주의자들은 가장 좌익을 점유하는 것으로 나타난다. 그리고 롤즈, 하버마스 그리고 드워킨의 '균형적' 자유주의는 중도적인 지위를 점하는 것으로 나타난다.

　그런데 롤즈, 하버마스 그리고 드워킨의 자유주의는 통상 진보적인 '평등주의적' 자유주의로 규정되는 것이 일반적이다. 때문에 그들의 입장을 '중도적'으로 규정한 이 글의 입장은 다소 이례적이라 할 수 있다. 하지만 지금까지 현대 자유주의 내에서의 논쟁이 주로 '시장 중심적' 자유주의자들과 '균형적' 자유주의자들 사이에서 전개되었다는 사실을 감안하면 '균형적' 자유주의를 좌익에 속하는 자유주의로 분류해온 관행을 전혀 이해하지 못할 바는 아니다. 그리고 민주주의 우선적 자유주의가 '반드시' 균형적 자유주의에 비해 더 평등주의적인 결과를 산출하리라는 보장은 없기 때문에 분배적 정의 이론의 관점에서는 균형적 자유주의와 민주주의 우선적 자유주의를 동일한 입장으로 보는 것도 충분히 가능하다.

하지만 사유재산권과 계약적 권리의 절대성보다는 가능한 한 폭넓은 집단적 삶의 영역에서의 평등한 민주적 참여를 강조하는 민주주의 우선적 자유주의가 훨씬 더 급진적인 개혁을 수용할 가능성이 크다는 것은 비교적 분명해 보인다. '균형적' 자유주의는 이론상 민주적 참여의 권리와 시장적 권리를 동등한 비중으로 수용한다. 때문에 한 사회의 상황과 사정에 따라 약간의 불균형이 초래될 수는 있으나 어떤 한 쪽으로의 과도한 치우침을 원칙적으로 허용하지 않으며 이론상 약간의 불균형마저도 한시적으로만 허용할 뿐이다. 반면에 민주주의 우선적 자유주의는 사회의 모든 성인 구성원들이 동등한 자격으로 집단적인 의사결정 과정에 참여함으로써 내린 결정을 정당한 것으로 수용하기 때문에 민주적 결정이 최소한도의 시장경제적 기본권—사유재산권 및 계약적 권리—을 침해하지 않는 한 사회의 다수를 형성하고 있는 중산층 이하의 서민들에게 유리한 분배적 결과를 산출할 수 있다. 따라서 이론적으로는 롤즈의 '차등의 원칙' 보다 더 평등주의적인 결과를 산출할 가능성이 크다.

현대 자유주의의 분류방식에 대한 이 글의 입장과 관련하여 언급할 필요가 있는 또 한 가지 사항은 기본권의 성격에 대한 것이다. 기본권은 개인의 존엄성과 필수적 권익을 보호하기 위한 헌법적 장치이다. 그것은 타인들의 동등한 권리를 보호할 목적이라든가 다른 기본권을 중진 또는 보호할 목적이 아닐 경우에는 침해할 수 없는 권리들로서 헌법에 명시된다. 하지만 이 기본권을 어떤 식으로 이해할 것인가 하는 문제는 결코 해결된 문제가 아니다. 일부 자유주의자들은 기본권을 거의 절대화하여 그것을 초역사적인 보편적 원리로 이해한다. 예컨대 노직, 랜드, 로쓰바드와 같은 시장중심적 자유주의자들은 생명에 대한 기본권 및 재산권을 민주적인 타협의 대상이 될 수 없는 거의 신성한 권리로 격상시켜 놓았다. 롤즈와 드워킨의 기본권 개념 역시 표면적으로는 역사적이며 문화특화적인 성격을 갖고 있지만, 그것은 발생의 차원에서 볼 때 그러할 뿐 매우 보편적이며 '강력한' 성격을 띠고 있다. 이들이 제시하는 기본권의 내용은 시장 우선적 자유주의자들이 제시한 기본권의 내용에 비해 훨씬 더 균형 감각이 있다고 볼 수 있으나, 그들의 경우 기본권들은 '단번에 모든 이들을 위해' 정해지거나(Ralws) 부당한 운의 영향과 민주적 다수의 편견을 막기 위해 고안된 '강력한' 권리들이므로 민주적인 타협의 대상이 될 수 없다.

물론 민주주의 중심적 자유주의자들에게 있어서도 기본권은 쉽게 타협의 대상이 될 수 있는 권리들은 아니다. 더구나 민주적이며 자율적인 참여의 권리는 더더욱 그런 대상이 될 수 없다는 점에서 거의 절대적인 권리로 인정된다. 하지만 그들은 기본권을 어떤 초역사적인 보편적 도덕법칙의 제도화된 양식으로 간주하지 않는다. 그들은 기본권을 끊임없이 진화하고 있는 특수한 의미 공동체 구성원들의 공동이해와 가치를 반영하는 것으로—그리하여 공동체 구성원들 사이의 교감과 민주적인 의견수렴에 의해 확인되는 것으로— 간주하거나(Walzer), 다원주의적 긴장 속에서의 민주적인 타협의 산물로서 간주하는 경향이 강하다(Bellamy). 따라서 이들의 경우 기본권은 어떤 보편적인 법칙으로부터 도출된 절대적 원리가 아니라, 사회의 진화와 더불어 조정 또는 첨삭될 수 있는 '역사적인' 것으로 간주된다. 하지만 이들에게 있어서도 민주주의와 민주적 참여의 권리만은 시공을 초월해 있는 거의 절대적인 지위를 갖고 있는 바, 기본권의 역사적 성격을 강조하고 있는 이들의 입장을 두고 볼 때 민주주의와 민주적 기본권에 대한 이들의 '절대적인' 신뢰를 어떻게 정당화할 수 있을지가 궁금하다.

지금까지 현대의 자유주의자들이 제시하고 있는 기본권들 중에서 시장적 기본권과 민주적 참여의 기본권의 상대적 중요성에 주목하여 현대의 자유주의자들을 분류할 수 있다고 주장했고 또 실제로 그렇게 분류해보았다. 그런데 이런 분류법에 따라 현대 자유주의를 분류함으로써 얻을 수 있는 한 가지 교훈은 시장과 민주주의의 관계를 설정하는 '최상의' '유일한' 방식은 없다는 것이다. 시장과 민주주의라는 두 제도를 배열하는 문제 곧 다양한 기본권의 우선순위를 정하는 문제는 자유주의 전통 내에서도 끊임없는 논란이 되어온 문제로서 앞으로도 최종적인 해결책을 기대하기는 어려워 보인다. 시장과 민주주의의 관계는 구체적인 특정한 사회적 · 문화적 맥락 안에서 '한시적으로만' 조정될 수 있을 것으로 보인다. 시장과 민주주의는 정부 혹은 국가권력의 통제와 일부 개인들의 효율적인 정치참여라는 관점에서는 협력자 역할을 할 수 있지만, 모든 성인들의 '평등한' 정치참여와 분배적 정의의 측면에서는 대립적인 지위에 있기도 하다. 따라서 개인들의 다양한 욕구와 필요를 충족시켜주는 동시에 시장과 민주주의 제도 사이에서 발생할 수 있는 긴장을 해소하기 위해서는 시장과 민주주의의 장단점은 물론 그 두 제도 사이의 상호관계를 이해하는 것이 필수적이다.

II부

의자들

의자들

라즈(Joseph Raz)의
완전주의적 자유주의

1. 자유주의의 새로운 해석

오랫동안 법 철학자 겸 실천이성(practical reason)의 이론가로 잘 알려진 조셉 라즈(Joseph Raz)가 자유주의 전통의 독특한 해석가로서 새롭게 부각된 것은 비교적 최근의 일이다. 1980년대 중반 이후 그는 개인의 자기정체와 가치에 관한 인식은 그 개인의 특수한 사회적 경험과 분리될 수 없다는 공동체주의자들의 '사회성 명제(social thesis)'에 입각하여 자유주의를 새롭게 정초하고자 시도해 왔다. 롤즈, 라-모어(C. Larmore) 그리고 드워킨과 같은 중립주의적 자유주의자들과 달리 라즈는 '옳음의 선善에 대한 우선성(the priority of right over the good)'을 거부하고 선과 옳음의 상호의존성을 강조한다(Rawls 1971; Larmore 1987; Dworkin 1978; Raz 1986). 그 결과, 그의 자유주의 정치이론은 그 구조에 있어서나 귀결에 있어 롤즈, 드워킨 등의 정치적 자유주의와는 상당한 차이를 보이고 있다. 그렇지만 그는 자율성(자유)이라는 가치를 적극 지지하며, 개인의 행복추구는 서로 우열을 가릴 수 없는 다양한 가치관들이 공존하는 다원주의적 상황에서만 가능하다고 믿고 있기 때문에 자유주의자로 분류되기에 결코 손색이 없다. 그리고 관용이라는 자유주의적 덕목과 아울러 자유민주주의의 전통적 정치제도들을 적극적으로 옹호한다는 점도 그가 자유주의자로 분류되는 중요한 이유이다.

라즈는 『자유의 도덕원리 *The Morality of Freedom*』(1986)라는 정치철학적 주저에서 자유주의의 핵심적 가치인 자율성에 대한 믿음과 가치다원주의를 접합시켜 자유주의에 대한 독특한 해석을 제시했다. 이 책에서 그는 자유주의 국가의 도덕적 非중립성 · 가치지향성을 정당화했는데, 이는 적어도 그 수사학적 표현에 있어서만큼은 롤즈, 드워킨 등의 중립주의와 뚜렷이 구분된다. 라즈에 의하면, 자유주의 국가는 개인들이 추구하는 가치관의 옳고 그름에 무관심해서는 안 되며, 개인들이 건전하고 가치 있는 인생관을 추구할 수 있도록 적극적으로 도와주어야 한다. 국가는 타율성을 조장하는 불건전한 가치관의 확산을 막을 도덕적 의무가 있기 때문에 사회의 구성원들이 좋은 삶을 영위할 수 있는 조건을 조성하기 위해 다양한 가치관들을 차별적으로 취급할 수 있어야만 한다. 한마디로 자유주의 국가는 완전주의적이어야 한다.

롤즈의 反완전주의적(anti-perfectionistic) 정치적 자유주의가 주류를 이루어 오던 1980년대 중반기까지만 해도 이 입장의 독특성은 극히 명백한 것이었다. 하지만 그 중대한 정치적 함축성에도 불구하고 라즈의 완전주의적 자유주의는 아직까지도 한국에 잘 소개되어 있지 않다. 라즈의 옥스퍼드 제자였던 두 명의 소장학자들이 다른 학자들과 함께 라즈의 사상을 소개한 책이 번역되어 읽히고 있지만, 롤즈와의 차이에 치중하고 있는 만큼 그의 자유주의 이론의 정치적 함의를 충분히 드러내지는 못했다(Mulhall & Swift 1992, chap. 8). 이 장은 바로 이러한 문제의식에서부터 출발한다. 그리하여 라즈의 완전주의는 그 잠재성에 있어 매우 억압적인 자유주의 정치를 정당화할 수 있는 위험이 있다는 것을 주장한다. 필자는 먼저 라즈가 제시한 완전주의적 자유주의의 몇 가지 전제들을 검토한 다음, 그가 옹호하는 가치다원주의의 협소함을 드러내는 것으로 글을 정리한다. 마지막으로 필자는 도덕철학과 정치철학의 통합에 기초한 라즈의 완전주의적 자유주의는 깊은 도덕적·문화적 분열로 특징화될 수 있는 현대사회의 정치를 이해함에 있어 적절한 틀을 제공하는 데 한계가 있다고 주장할 것이다.

2. 자율성과 가치 다원주의

라즈는 『자유의 도덕원리』에서 자유주의에 대한 완전주의적 해석을 시도하고 있는데 행복(well-being)이라는 개념을 그 출발점으로 삼고 있다. 이 개념이 왜 자유주의의 근본 토대가 되어야 하는가에 대한 별도의 설명을 제시하지 않은 채 그는 이 개념을 자유주의의 당연한 출발점으로 채택하고 있다. 나아가서 그는 자율성의 행사 없이는 진정한 행복을 성취할 수 없다고 주장함으로써 자율성이 행복의 필수적 요소임을 강조한다. 즉, 그에 의하면, 서구산업사회에서 개인의 행복은 일단 주어진 삶의 목표와 인간관계를 성공적으로 추구함에 있지만, 그 목표와 인간관계가 관련 개인의 자유로운 선택의 결과로 채택된 것이 아니라면 그 행복은 기만적인 것일 수 있다고 본다(1986, 369).

그것[자율성]은 급변하는 기술과 자유로운 노동의 흐름에 의해
특징화되는 산업시대와 그 이후의 조건에 특별히 잘 부합하는
이상이다. 산업시대 이후의 조건들은 변화하는 기술적·경제
적·사회적 조건들에 대처할 수 있는 능력들과, 적응하며 새로

운 기량을 습득하고, 한 하위문화로부터 다른 하위문화로 이동
할 수 있으며, 새로운 과학적·도덕적 견해들에 적응할 수 있는
능력을 요구한다. 우리가 처해 있는 조건들에 대한 그 이상의
적합성과, 그 이상이 우리의 문화 속에 내리고 있는 깊은 뿌리
는 그 이상을 강력하게 옹호해주고 있다(1986, 369-70).

라즈에 의하면, 자율성의 이상은 관련 개인에 의한 자율성의 행
사와 그것을 뒷받침하는 자율의 능력 혹은 조건의 결합에 의해 완
성된다(1986, 370-372). 자율성은 자기 창조의 이상으로서 강요된
선택행위에 의해 영위되는 타율적 삶과 대립되며, 선택 없는 삶
혹은 선택능력을 행사함이 없이 우왕좌왕 표류하는 삶과 극명히
대조된다. 그런 점에서 자율의 이상은 무엇을 선택할 것인가에 관
한 상당한 정도의 의식적 성찰을 필요로 한다.

자율의 능력 혹은 조건은 세 가지 요소로 구성되어 있다(1986,
372). 적합한 정신적 능력, 적당한 선택대상군 그리고 독립성이 그
것들이다. 그런데, 첫째 요소와 셋째 요소가 자율성의 행사에 필
수적이라는 데는 이견이 있을 수 없지만, 둘째 요소는 라즈의 완
전주의적 관점의 독특성 및 문제점과 결부되어 있기 때문에 좀 더
깊이 검토할 필요가 있다.

라즈는 "인간이 자율적이기 위해서는 선택할 수 있어야 할 뿐만
아니라 적당한 선택대상군이 주어져야 한다"고 주장한다(1986,
373). 깊은 구덩이에 빠졌거나 작은 사막에서 야수에 쫓기는 사람
처럼 적당한 선택대상군을 갖지 못한 사람들은 진정한 자율성을

누릴 수 없다고 보기 때문이다. 그렇다면 선택대상들이 어느 정도 있어야 적당하다고 말할 수 있을까? 라즈는 두 가지 조건을 제시한다(1986, 374-5). 첫째로, 적당한 선택대상군은 "장기적이며 광범위한 결과를 미치는 선택대상들은 물론, 별로 큰 영향을 미치지 못하는 단기적 선택대상 및 그 중간적인 선택대상들 모두를 포함한다." 그리고 둘째 조건은 채택 가능한 선택대상들의 다양성과 연관되어 있다. 단순히 선택대상들의 수가 중요한 것이 아니라 "다양성이 중요하다"는 것이다(1986, 375).

이 두 가지 조건 중에서 첫째 조건은 충분한 설득력이 있다. 왜냐하면 개인이 자율적인 삶을 살기 위해서는 가능한 한 모든 영역에서 자율적으로 자신의 삶을 통제할 수 있어야 하기 때문이다. 그러나 두 번째 조건은 논란의 여지가 많다. 인간이 자율적이기 위해서는 어느 정도의 다양한 선택대상을 가져야 하는가? 누가 보아도 깊은 구덩이에 빠져 있는 사람이나 사막에서 야수에 쫓기는 사람은 생존만이 유일한 목표이기 때문에 적당한 선택대상들을 갖추지 못하고 있다고 말할 수 있다. 하지만 그처럼 극단적인 상황을 제외하면 문제는 그렇게 단순하지 않다. 서구의 산업화된 자유주의 사회의 구성원들은 물론, 비교적 낙후된 非자유주의 사회의 구성원들도 상당한 정도의 선택대상군을 갖고 있는 것이 사실이기 때문이다. 자율성의 행사에 필요한 선택대상군의 적정기준을 설정하려는 라즈의 다음과 같은 언급은 지나치게 추상적이어서 사회정책의 실질적인 기초로 삼기 어렵다.

인류가 유전적으로 부여받은 몇몇 능력에는 그 능력을 사용하
고자 하는 천성적인 충동이 구유되어 있다. 우리는 주변을 돌아
다니고, 신체를 사용하고, 감각을 자극하고, 상상력과 애정을
발휘하며, 정신을 사용하려는 천성적인 충동을 갖고 있다. 문화
와 문명의 역할은 상당한 정도 바로 이와 같은 타고난 충동을
교육해서 물꼬를 터주는 데 있다. 자율적이기 위해서 그리고 자
율적인 생활을 갖기 위해서 인간은 계발을 기피코자 하거나 발
휘하고 싶어 하는 충동이 구유된 모든 능력을 발휘할 수 있는
활동들을 전 생애에 걸쳐 지속하게 해줄 수 있는 선택대상들을
가져야만 한다(1986, 375).

라즈가 적극 수용하는 '사회성 명제'에 따르면, 중요한 문제는
인간이 어떠한 천부적 능력을 구유하고 태어났는가 하는 것보다
는, 상이한 문화와 문명 속에서 그것들이 어떻게 계발되거나 계발
이 저지되는가 하는 것이다. 각각의 문화와 사회는 인간에 내재된
능력을 제각기 독특하게 발전시킨다. 이러저러한 잠재능력을 타
고났다고 하는 사실은 채택할 수 있는 선택대상들이 어느 정도 다
양해야 하는지에 대해 어떤 기준도 제시해주지 않는다. 그 기준은
오직 해당 문화의 내부에서만 도출될 수 있다. 따라서 자신의 공
식화가 그 추상적 성격에도 불구하고 어떤 문화에도 적용될 수 있
다고 하는 라즈의 주장은 지나치게 과장된 것이다.

모든 문화가 다 다양성을 지지하거나 권장하는 것은 아니다. 어
떤 문화가 내적인 통일성과 도덕질서를 유지하기 위해서 다양한

선택대안들의 확산을 완강히 저지하는 것은 얼마든지 가능하다. 극단적인 경우를 제외하면, 모든 문화가 다 제각기 독특한 다양성의 기준을 갖고 있다고 할 수 있다. 한 나라의 정부가 현존하는 선택대상군이 과연 적당한가를 평가할 수 있기 위해서는 어느 정도가 적당하고 어느 정도가 부적당한가를 가늠할 수 있는 객관적인 기준이 필요할 것이다. 그렇지 않을 경우, 모든 문화가 다 그 나름대로 적당한 선택대상군을 향유한다고 할 수 있을 것이며 따라서 심도 있는 정치적 비판은 선험적인 선언에 의해 미리 배제될 수밖에 없다.

1994년에 출판된 『공적 영역에서의 윤리Ethics in the Public Domain』에서 이 점에 대해 라즈는 좀 더 명확한 입장을 취하고 있다. 그는 자신의 견해가 보수적임을 솔직히 시인한다.

> 타인의 행복에 대한 우리의 도덕적 관심과 관련해서 유일하게 중요한 사항은 모든 사람들이 현실적으로 채택할 수 있는 적당한 선택대상군을 갖는 것이다. 그런 한에서 이 시각은 보수적인 것이다. 그렇지만 거의 모든 사회가 자체 속에 적당한 정도의 용인될 수 있는 선택대상을 갖고 있다고 가정하는 것이 온당하다 해도, 그들 중 상당수의 문화는 인구의 몇 부분—외국인, 빈민, 유색인종, 거부되고 있는 성적 성향을 지닌 사람들—이 가치 있는 선택대상들을 필요한 만큼 누리지 못하도록 제약한다 (1994, 24).

이상의 언급에는 미묘한 변화가 있다. 『자유의 도덕원리』에서는 자유주의 사회에서마저도 어느 정도가 적당한 선택대상군인지를 확인하기 어려웠다. 하지만 위 글에서는 거의 모든 사회가 다 나름대로 적당한 선택대상군을 갖고 있음을 시사하기 때문이다. 이와 같은 미묘한 변화를 반영하듯, 라즈는 선택대상군의 적정성을 판단하기 위한 기준의 문제를 자유주의 사회와 非자유주의 사회의 차이에 관한 문제로 전환시키고 있다.[14] 이제 非자유주의 사회의 문제점은 그 사회가 적당한 선택대상군을 결여하고 있다는 것이 아니라, 일부 사람들이 자신의 필요에 따라 선택대상군을 자유롭게 향유하지 못하도록 국가가 그들을 억압하고 있다는 점으로 환원된다. 자유주의 사회는 이 점에서 최상의 사회로 평가된다.

그런데 여기서 라즈는 자유주의 사회와 非자유주의 사회의 차이를 관용적인 자유주의 정부의 존재여부의 문제로 축소시키고 있다. 자유주의 사회와 非자유주의 사회는 사람들이 채택할 수 있는 선택대상들의 특징, 범위 및 내용에 있어 근본적인 차이가 있을 수 있다. 그 차이는 단순히 억압적인 정부와 보다 관대한 정부간의 차이로 환원될 수 없다. 보다 중요한 것은, 예컨대 봉건적 사회와 사회주의 사회 속에서 선택 가능한 대상들과 자유주의적 자본주의 사회 속에서 선택할 수 있는 대상들의 성격과 범위와 관련된 차이이다. 거의 모든 사회가 다 나름대로의 적당한 선택

---

14 거의 모든 문화가 나름대로의 적당한 선택대상군을 갖추고 있다는 것을 라즈가 인정하는 한 이 변화는 거의 불가피한 것처럼 보인다.

대상군을 향유하고 있다고 해도 서로 다른 사회의 성원들이 누릴 수 있는 선택대상들의 범위와 내용에는 큰 차이가 있을 수 있기 때문이다.

자유주의자들이 그들의 정부가 다른 정부들에 비해 보다 관대하고 허용적이라는 점을 들어 자유주의 사회의 우월성을 주장하는 것은 당연할지도 모른다. 그렇지만 정부를 자유롭게 선택할 수 있는 권리를 자유주의 사회에 적합한 선택대상군에 포함시킬 경우, 그 차이가 아무리 심대한 것이라 해도 정부의 관대함과 억압성이 자유주의 사회와 非자유주의 사회의 차이를 규정하는 가장 근본적이며 유일한 요소라고 보기는 어렵다.

非자유주의 사회의 거주자들이 정부를 선택할 수 있는 권리를 갖기는 어렵다. 非자유주의 사회에서는 적당한 선택대상군에 그러한 정부선택권이 포함되지 않을 가능성이 크기 때문이다. 그럼에도 불구하고 非자유주의 사회가 적당한 선택대상군을 결여하고 있다고 말하기는 어렵다. 그들 역시 적당한 선택대상군을 갖고 있으나 정부의 자유로운 선택권이 거기에 포함되어 있지 않다고 볼수 있기 때문이다. 관용적인 자유주의 정부와 편협한 非자유주의 정부간의 차이는 두 사회유형 간에 존재하는 보다 근본적이고도 광범위한 차이의 일부라고 보아야 한다. 따라서 두 사회유형의 차이를 정부성격의 차이로 환원시키는 것은 어느 정도의 선택대상군이 관련 거주민들에게 적당한 것인가 하는 문제를 회피하는 것이다. 가치의 보편주의와 그에 조응하는 인간본성에 관한 형이상학적 견해를 전제하지 않을 경우, 어느 정도의 선택대상군이 관련

거주자들에게 적당한가 하는 문제는 오직 그 거주자들의 문화적 가정들과 관심에 의거해서만 답변될 수 있다.

라즈가 주장한 대로 자유주의 국가의 시민들이 적당한 선택대상군을 향유하고 있다면 다음으로 제기되는 문제는 왜 자유주의 국가가 시민들이 선택할 수 있는 대상들의 범위를 더 확대하려고 애쓰는가 하는 것과, 왜 국가가 때때로 어떤 선택대상들은 법적으로 허용하고 또 어떤 대상들은 금지시키려하는가 하는 문제이다. 정부는 도대체 무슨 근거와 기준에 의해 그렇게 할 수 있는가? 한 가지 가설은 라즈가 주장하듯 적당성의 기준이 특정 장소, 특정 시기의 사회적 관례들에 의존한다는 것이다.

> 원칙적으로 수용할 수 있는 기준선을 긋는 다양한 방식이 있다.……사회가 기본적인 능력을 갖고 있는 멤버들로 하여금 좋은 삶을 사는 데 필요한 적합한 선택대상군을 제공해주는 한, 그들이 보다 손쉽게 성취할 수 있도록 해주기 위해서, 그 사회에서 이용할 수 있는 선택대상들의 특성을 변화시킬 이유는 없다(1994, 18).

하지만 이 대답은 문제를 회피하는 것일 뿐이다. 만일 한 사회의 모든 구성원들이 채택·실현하고자 하는 선택대상들을 그 사회가 모두 갖추고 있다면 라즈의 가설은 옳을 수도 있다. 하지만 실제로 어떤 사람들은 사회가 아직 수용하고 있지는 않지만 자신들의 행복에는 필수적인 선택대상들을 추구할 수 있다. 동성결혼이 허용되지 않는 사회에서 동성결혼을 원하는 사람들의 경우처럼 그들에게는 현존하는 선택대상군이 여전히 부적당한 것으로 여겨질수 있다. 이런 경우 누가 도대체 무슨 근거에 의해 선택대상의 적합한 범위를 결정할 수 있는가? 이 문제는 채택 가능한 선택대상의 수락기준 문제와 결부되어 있기 때문에 더욱 복잡하게 된다. 라즈의 경우 선택대상의 수락여부는 주로 도덕적 건전성에 따라 좌우되고 또 선택대상의 도덕적 질을 평가하기 위해서는 별도의 기준이 요구되기 때문에, 선택대상의 적당한 정도에 관한 문제는 채택 가능한 선택대상들의 도덕적 질을 판단할 수 있는 기준의 문제와 분리될 수 없다.

언뜻 보면 이 문제의 해결은 그다지 어렵지 않게 보인다. 그 까닭은 라즈가 도덕적인 것 혹은 가치 있는 것들을 그렇지 않은 것들과 구분할 수 있다고 너무나 쉽게 단정하고 있기 때문이다. 그는 자유주의적 관용의 원리가 가치에 관한 회의주의에 바탕을 두고 있다는 주장을 단호히 배격한다(1989, 762-3). 그에 따르면 "가치판단을 객관적으로 수립하거나 정당화하는 방법은 없다"고 보는 것은 잘못된 것이다. 이 진술이 "우리의 신념이 잘못된 것일 수 있다"는 것과 "가치판단에 대한 불일치는 종종 납득할 수 있는 불일치일 수 있다"는 것을 결코 부정하는 것은 아니다(1989, 763-9). 그것은 단지 자유주의 사회에는 부도덕하고 무가치한 생활방식과 더불어 객관적으로 가치 있는 생활방식들도 많다는 사실을 의미할 뿐이다. 라즈에 의하면, 우리는 그것들을 분간할 수 있고 따라서 국가로 하여금 그러한 도덕적 가치판단에 의거해서 다양한 생활방식들을 차별적으로 취급하도록 해야 한다.

물론, 어떤 생활방식이 가치가 있고 어떤 것들이 불건전하고 무가치한 것인가 하는 문제는 어떤 보편적이며 형이상학적인 인성관人性觀에 의거해서 해결될 성질의 것이 아니다. 그 문제의 해결은 주로 사회적 관례들에 의존하는데, 그 까닭은 "가치들은 최소한 부분적으로나마 사회적 실천관계에 의해 구성되기 때문이다." (1989, 771) 지금까지의 논리에는 큰 무리가 없다. 하지만 라즈는 도덕적으로 건전한 생활방식을 그렇지 않은 것들과 구분 지을 수 있는 그 이상의 기준을 전혀 제시하지 않는다. 그는 단지 선택대상들의 도덕적 적합성의 기준은 사회적 관례에 달려 있다고 하는 주장을 되풀이 할 뿐이다. 그러나 라즈의 완전주의적 자유주의가 어떤 실천적 함의를 갖기 위해서는 이 문제의 해결이 필수적이다. 우리는 누가 어떤 타당한 근거에 의해 선택대상들의 적당한 범위를 결정할 수 있는지를 알아야 한다. 여론인가? 도덕적·지적 엘리트들인가? 아니면 정부의 관료들인가? 누가 어떻게 사회적 관례들을 객관적으로 해석할 수 있을 것인가?[15]

---

15 라즈의 추상적인 공식화는 특히 거의 모든 국가들이 다른 문화의 영향을 받고 있는 세계화시대에는 적합하지 않은 측면이 있다. 오늘날에는 어떤 문화도 다른 문화의 영향으로부터 자유롭기 어렵다. 그러므로 자율성이 기존의 사회적 형태들을 맹목적으로 혹은 무비판적으로 수용하는 태도를 의미하지 않는 한, 자율적인 인간은 자신의 사회에서는 아직도 이질적이거나 낯선 목표를 추구할 수도 있다. 이 경우, 정부는 그것을 허용해야 할까? 이처럼, 한 사회의 구성원들이 접근할 수 있는 선택대상들이 특정한 문화에 국한되어 있지 않다면, 한 사회의 구성원들에게 적합한 선택대상군의 범위를 과연 어떻게 정할 수 있을 것인가? 게다가, 한 사회 내에서도 사람들은 가치관의 차이에 따라 상이한 기준을 가질 수가 있다. 예컨대, 어떤 사람이 자율적인 판단에서든 우연히 그렇게 되었든 일단 특정한 가치관을 채택하게 되면, 다른 가치관들의 존재가 그 사람의 행복에 반드시 필요한 것은 아닐 수도 있다. 그에게는 오직 그 가치관만이 소중할 수 있기 때문이다. 이처럼 선택대상군의 적절한 범위에 관한 기준의 문제는 해결되기 어려우며, 또 반드시 문제가 된다고 보기도 어렵다.

채택 가능한 선택대상의 적당한 범위를 가리기 위한 기준의 수립이 어렵다는 것이 밝혀졌다 하더라도 그 선택대상군이 서로 가치의 우열을 비교할 수 없는 건전한 삶의 양식들을 다수 포함하고 있어야 한다는 라즈의 주장은 무리가 없는 듯하다(1986, 161). 개인의 행복은 채택할 수 있는 선택대상들의 도덕적 질에 달려 있는 만큼, 개인의 행복을 위해 중요한 것은 선택대상들의 단순한 다양성이 아니라 도덕적 질이기 때문이다(1986, 381). 사회에 존재하는 대부분의 가치관들이 도덕적으로 불건전하고 자율성을 침해하는 것이라면, 그 사회의 구성원들이 어떻게 자율성을 구가할 수 있으며 또 행복을 성취할 수 있겠는가? 단순한 다양성은 사람들의 행복에 기여하기 어렵다.

자율성은 가치 있는 것을 추구하는 한에서만 가치가 있다. 자율의 이상은 도덕적으로 용인될 수 있는 선택대안들의 채택가능성만을 요구한다(1986, 373).

자율성은 나쁜 선택대안들의 존재와 모순되지 않지만, 나쁜 선택대안들은 자율성의 가치에 어떤 기여도 하지 못한다. 실로 나쁜 대안을 자율적으로 선택하는 삶은 그에 비교할 수 있는 非자율적인 삶보다도 더 나쁘게 된다. 자율성에 대한 우리의 관심은 사람들로 하여금 좋은 삶을 살 수 있도록 해주는 데 있으므로 우리는 가치 있게 자율성을 추구할 이유가 있다(1986, 412).

그렇지만 문제는 그렇게 단순치 않다. 자율적인 사람이 도덕적으로 건전한 선택만을 하는 것은 아니기 때문이다. 그들은 도덕적으로 옳지 못한 선택을 할 수도 있다. 다시 말해, 자율적인 사람들은 도덕적으로 건전한 대안들 중에서만 선택하는 것이 아니라 때로는 선과 악 사이에서 선택해야 할 때도 있다(1986, 379, 411-2). 만일 비도덕적인 대안들이 없다면, 사람들은 어떤 의미에서는 오직 도덕적으로 가치 있는 대안들만을 선택하도록 강제되었다고 볼 수도 있다.

이런 논리에서 보면, 사회의 구성원들이 누릴 수 있는 자율성의 정도를 향상시키기 위해서 비도덕적인 대안들의 존재를 허용하는 것이 필요할 뿐만 아니라 바람직하게 보이기조차 한다. 자유주의 국가는 매우 난처한 입장에 처하게 된다. 자유주의 국가는 도덕적으로 불건전한 대안을 단속할 이유는 물론 단속하지 말아야 할 이유도 있기 때문이다. 라즈는 이와 같은 모순을 분명히 인지하고 스스로 다음과 같은 의문을 제기한다. "악하고 혐오스러운 대안들을 허용해서 사람들로 하여금 스스로 피하게 하는 것이 가치 있는 일이 될 수 있을까? 지각없고 태만한 삶을 거부한 사람은 그러한 삶을 선택할 기회조차 갖지 못한 사람보다 나은가?"(1986, 380). 이 단순한 질문이 갖는 논리적·실천적 함의는 대단히 크다. 그 때문에 라즈는 이 의문에 대한 세 가지 답변을 예상해보고 자신의 완전주의적 자유주의 정치이론을 정당화할 수 있는 논리를 모색하려 한다.

첫째, 사람들은 악보다는 선을 선택함으로써 자신을 시험하고 증명해야 한다. 둘째, 선택의 필요성은 관련 개인의 도덕적 판단과 분별력을 훈련시킨다. 셋째로, 악의 현존은 일정한 도덕적 덕목의 계발을 위한 기회를 제공한다. 이 세 가지 고려사항에 담겨져 있는 모든 긍정적 의미는 다음과 같은 생각, 곧 도덕적으로 선한 사람은 자신의 삶을 도덕적으로 영위할 뿐만 아니라, 상황이 불리하거나 또는 악에의 유혹과 압력에 부딪혔을 때조차도 그렇게 했을 것이라는 생각으로부터 도출된다(1986, 380).

위의 세 가지 답변들은 자율성 행사의 기회를 늘리기 위해서 좋은 대안들과 함께 나쁜 대안들도 허용해야 한다는 주장의 타당성을 강화시켜주는 것처럼 보인다. 그럼에도 불구하고 라즈는 도덕적으로 혐오스러운 대안들의 채택가능성이 '자율성 존중의 여건'은 아니라고 주장한다(1986, 381). 그 이유는 주로 사회학적이다. "정직하지 않음, 나태, 타인의 감정에 대한 무감각, 잔인성, 인색함과 다른 악덕들에의 기회 및 도덕적 결점들이 만연해 있다"는 사실을 두고 볼 때 "악을 행할 수 있는 기회를 제거하는 것에 반대할 수 없다"는 것이다(1986, 381). 이와 같이 자유주의 국가는 비도덕적이고 저열한 대안들의 채택 가능성을 차단시킴으로써 사람들의 행복을 보호하고 촉진시켜야 한다는 라즈의 완전주의적 입장은, 현존 사회에는 해로운 대안들이 다수 존재하고 있다는 사회학적·심리학적 관찰에 의해 뒷받침되고 있다.

그런데, 이 주장은 언뜻 보면 해로운 대안들도 자율적인 선택의 범위를 확장시키는 이점을 가질 수 있다는 대항논리를 심각히 침해하지 않으면서도, 라즈 자신의 완전주의 국가를 성공적으로 정당화할 수 있는 이점이 있는 것처럼 보인다. "부도덕하고 혐오스러운 것을 추구할 수 있는 기회는 세계로부터 완전히 제거될 수 없기 때문에", 도덕적으로 불건전한 대안들을 제어하거나 봉쇄하려는 정부의 노력이 자율성에 영향을 미칠 정도만큼 충분히 개인의 선택범위를 축소시키지 않을 수도 있기 때문이다(180-1).

　이처럼 라즈는 논리적 문제를 사회학적·심리학적 가설을 도입함으로써 해결코자 한다. 그러나 사회학적·심리학적 사실의 도입은 새로운 문제를 일으킨다. 그러한 사회학적·심리학적 사실들이 과연 객관적으로 실증된 것인가 하는 문제가 바로 그것이다. 라즈가 원용하는 사회학적·심리학적 사실들은 주로 직관적인 가설에 가깝다. 즉, 사회로부터 거의 모든 혐오스러운 대안들을 추방시키려고 시도한 적이 있는 자유주의 정부가 있었다고 믿기 어렵다. 그에 따라 도덕적으로 혐오스러운 대안들을 제거하려는 정부의 노력이 자율성의 행사에 영향을 미칠 정도만큼 개인의 선택영역을 축소시키지는 않을 것이라고 가정하는 라즈의 확신을 그대로 받아들이기 어렵게 된다. 라즈 자신이 주장하듯이 "자율성은 정도의 문제이다."(1986, 391) 개인은 조금 더 자율적일 수도 있고 조금 덜 자율적일 수도 있다. 도덕적으로 불건전한 약간의 대안을 제거하는 것이 얼마만큼 개인의 자율성을 감소시킬 수 있는가를 확인한다는 것은 지극히 어렵다. 라즈가 자신의 주장을 확증하기 위해서는 자신이 의존하고 있는 사회학적 가정들을 입증해야만 한다. 즉, 몇몇 자유주의 정부들이 사회로부터 도덕적으로 유해한 대안들을 제거하려고 노력했으나 그러한 모든 노력들이 수포로 돌아갔다는 것과, 나쁜 대안들을 제거하려고 한 정부의 시도가 결코 자율성에 영향을 미칠 만큼 개인의 선택을 축소시키지 않았다는 사실을 입증해야만 한다. 이 두 가지 사실들이 입증되지 않는 한 "도덕적으로 혐오스러운 대안의 제거가 자율성에 영향을 미칠 만큼 개인의 선택을 축소시키는 경우는 거의 없을 것이다" 고 하는 라즈의 주장은 그 근거가 취약한 것이다(1986, 391).

라즈의 사회학적·심리학적 가정들이 설혹 옳다고 가정하더라도 그의 주장은 아직도 논리적인 취약성을 갖고 있다. 어느 정도의 채택 가능한 대안의 존재가 적당한 것인가를 가늠할 수 있는 기준이 불명료한 채로 남아 있는 한, 동일한 논리가 도덕적으로 건전한 대안들에 대해서도 똑같이 적용될 수 있기 때문이다. 즉, 도덕적으로 건전한 대안들이 얼마만큼 소멸된다 하더라도 그것이 자율성의 발휘에 영향을 미칠 만큼 개인의 선택을 축소시키지는 않을 것이기 때문이다. 자유주의 사회는 물론 심지어 非자유주의 사회에서도 도덕적으로 건전한 대안은 충분히 있다. 그 중의 어떤 것들은 시간이 감에 따라 자연히 소멸되는 반면 또 어떤 것들은 새롭게 탄생하기도 한다. 라즈의 관찰대로 "문화의 소멸은 새로운 문화의 생성처럼 정상적인 삶의 일부이다."(1994, 167) 자유주의 사회에는 도덕적으로 건전한 대안들과 불건전한 대안들이 무수히 공존하고 있다. 도대체 왜 자유주의 국가는 건전한 대안들을 육성하고 불건전한 대안들을 폐지시키려고 애쓸 필요가 있는가?

가치 있는 대안들과 무가치한 대안들이 얼마만큼 감소해야 개인의 자율성에 영향을 미치게 되는가?

완전주의적이며 개입주의적인 자유주의 정부는 이런 문제들에 대해 자의적인 판단을 내림으로써 정부의 결정에 의혹을 품는 시민들에게 그 판단을 강제할 수 있다. 그런 가능성을 두고 볼 때, 개인의 자율성을 보호하고 신장시키기 위해 정부가 어느 쪽에도 치우치지 않는 중립적인 입장을 선언하는 것이 보다 낫지 않을까? 자율성의 신장이 자유주의 국가의 가장 중요한 의무이긴 하지만 객관적으로 수락될 수 있는 도덕적 가치판단의 기준을 찾는 것이 극히 어렵다고 한다면, 다른 자유주의자들처럼 자유를 중립주의적 관점에서 옹호하는 것이 더 안전하지 않을까? 이러한 비판에 대해 라즈가 설득력 있는 답변을 제시할 수 없다면 그의 완전주의적 자유주의는 중립주의적 경쟁자들에게 쉽게 비난받을 수 있는 취약한 상태로 남아 있게 될 것이다.

3. 완전주의와 다원주의의 관계

　이미 살펴본 대로, 라즈는 도덕적으로 가치 있는 다양한 생활양식들의 존재를 완전주의적 자유주의의 전제조건으로 삼고 있다. 라즈의 완전주의에 따르면, 자유주의 국가는 도덕적으로 가치 있는 기획들은 권장하는 한편 혐오스러운 것들은 소멸될 수 있도록 노력해야 한다(1986, 417). 과연 이 입장에 모순은 없는가? 이 장에서는 라즈가 제시한 완전주의적 자유주의 이론의 내적인 일관성의 문제를 검토하고자 한다.

　먼저 하나의 완전주의적 가치의 표방과 가치다원주의에 대한 지지가 양립 가능한 것인지를 검토할 필요가 있다. 자율성이라는 하나의 가치를 강력히 표방하면서도 서로 다른 본유적 가치(intrinsic value)들을 지지하는 것이 과연 양립 가능할까? 궁극적으로 하나의 특정 가치를 표방한다는 것은 그 밖의 가치들에게는 이차적인 지위를 부여하는 것을 의미하거나, 다른 여타의 가치들은 그 궁극적 가치와 양립 가능한 한에서 용인될 수 있다는 것을 의미한다. 예컨대, 자율성이란 가치와 똑같이 중요하지만 자율성과 양립할 수 없는 본유적 가치들이 다수 있다면, 자율성은 그러한 경쟁적인 가치들에 의해 그 중요성이 희석될 것이다. 어떤 사람이 서로 그 가치를 비교할 수 없는 다수의 본유적 가치들을 동시에 표방한다면, 그것은 자율성이란 가치가 그 자신에게서 차지하는 중요성을 현저히 약화시킴으로써 그가 자율성을 과연 진정한 최고가치로 여기고 있는가 하는 의문을 초래할 것이다. 따라서 라즈가 자율성이란 가치를 강력히 표방하는 것이 사실이라면, 그가 정말로 가치다원주의를 동시에 지지할 수 있는가를 묻는 것은 자연스러운 일이다. 그리고 나아가서 만일 자율성이란 단일 가치의 표방이 가치다원주의의 지지와 양립 가능하다고 한다면, 그 경우의 가치다원주의는 서로 우열을 가릴 수 없는 본유적 가치들의 다원주의가 아닌 그 아류, 곧 자율성이란 가치와의 양립가능성 여부에 따라 제한된 가치다원주의가 아닌지 의심해봄직하다.

　라즈가 이상적으로 여기는 가치다원주의 사회에서는 서로 우열을 비교할 수 없는 다양한 가치관들이 그 속성상 자연스럽게 자율성을 지지하는 경우나, 자율성을 그 가치관의 일부로서 수용하고 있는 경우, 또는 적어도 자율성과 양립할 수 있는 것으로 판명되는 경우에만 번영할 수 있거나 존속하도록 허용될 수 있다. 그러나 라즈도 인정하듯이 모든 하부문화들이 다 자율성에 기초하고 있거나 자율성과 양립할 수 있는 것은 아니다. 예컨대, 종교적 근본주의자들에게 있어 자율성에 바탕을 둔 인본주의적 문화는 그 자체가 신의 권위에 대한 부인을 의미할 수 있다. 그렇게 본다면, 완전주의적 자유주의 국가가 최소한 자율성이란 가치와 양립할 수 있는 하위문화들에게는 매우 우호적인 반면, 非자율적인 혹은

反자율적인 하위문화들에 대해서는 매우 배척적인 정책입안을 하게 되리라는 것은 명약관화하다. 그에 따라 민주적 정책결정으로부터 소외된 하위문화의 구성원들은 급진적 혹은 반동적인 강력한 정치적 저항을 전개함으로써 정치적 동요를 불러일으키거나 아니면 급격히 쇠퇴해갈 가능성이 크다.

「다문화주의」라는 에세이에서 라즈는 완전주의적 정책이 초래할 수 있는 문화소외의 문제에 보다 조심스럽게 접근하지만, 동일한 비판이 그의 다문화주의에도 적용된다(1994, 155-76). 라즈에 의하면, "다문화주의는 가치다원주의, 특히 여러 가지 측면에서 서로 우열을 비교하기 힘든 다양한 가치들을 조성하는 사회적 실제[제도와 관행]속에 구현된 다양한 가치들의 타당성에 대한 신념으로부터 발생한다."(1994, 159) 라즈의 이와 같은 주장은 자율성에 바탕을 두지 않은 모든 하위문화집단들의 멤버들에게도 극히 매력적으로 보일 수 있다. 그러나 그것은 기만적이다. 라즈는 "어떤 문화들 혹은 어떤 문화의 단면들은 용인될 수 없으며, 따라서 다문화주의가 지지하는 문화의 다원성에 대한 긍정적 태도로부터 혜택을 받아서는 안 된다"고 분명히 천명하고 있기 때문이다(1994, 169).

라즈는 문화의 억압성을 어떤 문화가 다문화주의 사회에 포용될 수 있는 중요한 기준으로 삼는다. 어떤 문화의 구조적 특징이 그 멤버들로 하여금 그들 자신의 독특성을 실현하거나 표현하지 못하도록 강압하는 것이라면 그 문화에 결함이 있는 것이다. 어떤 문화가 비록 결함이 있을지라도 가능한 한 관용되어야 한다는 것이 라즈의 표면상의 입장이긴 하지만, 이상의 주장은 완전주의적인 자유주의 국가가 취해야 할 전반적 태도를 분명히 보여주고 있다. 즉, 완전주의 국가는 非자율성 혹은 反자율성을 조장하는 문화들에 불리한 정책들을 추구하게 될 것이다. 라즈는 관용적인 자유주의 국가는 그 목적에 부합하는 방법을 채택하는 것이 필요하며, 따라서 어떤 정책을 추구함에 있어 항상 非자율적 문화의 성원들이 누리고 있는 자율성을 침해하지 않도록 각별히 주의해야 한다고 주장한다.

> 문화가 결함이 있을 때조차, 그리고 강압적이지는 않지만 열등한 것일 때도, 그 문화에 우호적인 관용을 베풀 이유가 있다. 강압적인 문화라 할지라도 그 멤버들에게 꽤 많은 것을 베풀 수 있다는 사실을 두고 볼 때, 저열하거나 심지어 억압적인 문화를 동화 내지 차별하려는 조직화된 캠페인을 벌이는 데 각별히 조심해야 한다. 많은 멤버들에게 그 문화는 그들이 가질 수 있는 모든 것을 제공한 결과 그들이 그 문화로부터 이탈하는 것이 더이상 가능하지 않을 수도 있기 때문이다(1994, 170).

여기서 두 가지 문제를 지적할 필요가 있다. 첫째로, 라즈는 자율성이 아닌 다른 이상들에 더 큰 가치를 부여하고 있는 문화들에 대해 자유주의 문화의 우월성을 확신하고 있다. 그는 非자율적 문화가 자율성에 기초한 자유주의 문화와 평화적으로 공존할 수 있도록 변형되거나, 멤버들로 하여금 그 문화를 이탈할 수 있는 기회를 제공하는 것이 바람직하다고 주장한다(1994, 172). 그러나 우월한 자유주의적 문화와 열등한 비자유주의적 문화를 구분할 수 있는 객관적 평가기준이 있는가? 라즈는 문화에 내재된 억압성이 바로 그와 같은 평가기준인 것처럼 생각한다. 그러나 특별히 유의할 점은 이 제안은 이미 인간의 최고 가치로서의 자율성을 강조하는 인본주의적인 자유주의적 관점에 물들어 있다는 것이다.

非인본주의적이며 非자유주의적인 가치관들이 개인의 자율 혹은 독립과는 다른 이상에 최고의 가치를 부여하는 반면 개인의 자율에는 부차적인 혹은 가장 덜 중요한 지위를 부여하는 것은 얼마든지 가능하다. 자유주의자들에 의해 강압적인 것으로서 지탄받을 수 있는 행위가 예컨대 非인본주의적인 종교적 근본주의자들에게는 필수적이고도 바람직한 것으로 여겨질 수 있다. 종교적 근본주의자들은 개인의 자율성에 대한 자유주의자들의 강조를 신으로부터 소외된 인간의 한 가지 병적 증상으로 본다. 개인의 자율성에 대한 강조가 세속적인 인본주의적 세계관에 뿌리박고 있는 한, 자율성에 대한 자유주의자들의 정책적 옹호는 치우친 한 가지 이상을 非자유주의자들에게 강제적으로 수용하도록 하는 것과 같다. 독실한 종교적 혹은 도덕적 근본주의자들에게는 신의 말씀이나 특정한 도덕전통에 대한 충성스러운 복종이 인간이 추구해야 할 최고의 덕목으로 간주된다. 非자유주의적 문화집단으로 하여금 젊은 멤버들에게 그 문화를 떠날 수 있는 자유를 허용하라고 요구하거나, 그 문화의 강압적 성격을 바꿀 것을 요구하는 것은 그 문화의 순수성을 희석시키는 것과 같다. 그것은 非자유주의적 문화에 대한 자유주의적 가치의 직접적인 강요에 다름 아니다.

　이 비판은 존 스튜어트 밀의 '해악원칙(harm principle)'에 대한 라즈 자신의 독특한 재해석과 관련된 또 다른 비판과 밀접히 연관되어 있다(1986, 412-29). 밀의 '해악원칙'에 대한 라즈의 재해석은 사람들에게 타인을 위해 "자율성의 모든 조건들을 확보하도록" 요구한다.

　　정의의 의무는 개인들에게 적당한 선택대안들과 선택의 기회를
　　제공해줄 수 있는 여건을 조성하는 것이다. 그 의무는 가치 있
　　는 삶을 영위하려는 사람들의 관심으로부터 발생한다. 그 의무
　　를 저버리는 것은 정부가 도와야 할 사람들을 오히려 위해하는
　　것이다(1986, 417-8).

　라즈는 이처럼 밀의 '해악원칙'을 확대·재해석하여 자유주의 국가는 사람들이 타인을 위해하지 못하도록 방지해야 할 의무는 물론 자율성의 모든 조건들을 적극적으로 마련해야 할 의무가 있다고 주장한다. 여기서 제기될 수 있는 의문은 多문화사회의 정부가 왜 非자유주의적인 문화집단들 내에서 추구되는 다른 이상들의 실현을 위해서는 똑같은 노력을 경주하지 않는가 하는 것이다. '해악원칙'에 대한 라즈의 해석에 따르면 그것은 그 문화집단들을 위해하는 것과 다름이 없지 않은가? 정부의 주된 의무는 국민 또는 거주민들의 행복을 증진시키는 것이다. 多문화사회에서의 정부는 자율성의 조건만을 조성하고 다른 이상들의 실현을 위한

여건 조성에는 무관심해도 되는가? 자율성의 조건만을 조성하는 것은 사실 다른 非자유주의적인 문화들을 위해하는 것과 다름이 없다.

　라즈는 관련 사회가 자유주의 사회이기 때문에 어쩔 도리가 없다고 변명할 수 있다. 그렇다면 자유주의 사회가 과연 多문화주의를 표방한다고 말할 수 있을까? 이미 지적한대로, 라즈의 多문화주의적인 자유주의 사회는 다원주의의 한 아류, 곧 자율성이란 이상과 잘 양립할 수 있는 문화집단들만의 다원주의를 추구하는 사회이다. 『자유의 도덕원리』에서처럼 『공적영역에서의 윤리』에서 옹호되고 있는 자유주의적 완전주의 국가는 여전히 자율성과 양립할 수 있는 특정 가치관 내지 문화집단들을 편애하는 반면 자율성과 양립하기 어려운 문화집단들은 체계적으로 차별한다. 그리하여, 라즈의 완전주의 국가는 일부 종교적·문화적 집단들을 민주적 합의정치로부터 체계적으로 배척시킴으로써 그들을 새로운 정치투쟁의 장으로 내몰 수 있다. 그렇다면 정치에 있어서는 중립주의자들처럼 완전주의적인 논의를 회피하는 것이 보다 현명하지 않을까 하는 의문이 또다시 제기된다(1986, 294-9).

4. 도덕, 자리(自利) 그리고 실천철학으로서의 정치철학

·

현 시대 자유주의 정치철학에서 한 가지 두드러진 공통적 특징은 실질적인 정치적 문제를 개념적인 문제로 환원시키는 경향이다. 이 점에 있어 라즈도 예외는 아니다. 라즈는 자리自利라는 전통적인 관념과 행복이란 관념의 구분을 실질적인 정치적 문제의 해결을 위한 개념적 기초로 사용한다(1986, 294-9). 그는 자리와 행복의 차이를 다음과 같이 정리하고 있다.

첫째, "그 두 관념은 생물학적인 필요와 욕구에 민감하지만 다른 방식으로 민감하다. 자리自利는 생물학적인 필요가 좌절되어 생명이 단축된다면 항상 부정적으로 영향을 받는다. 사람의 행복은 생명의 단축이나 생물학적인 욕구의 좌절이 가치 있는 목적을 추구하는 수단이 되거나 그 과정에서 받아들여야 하는 부산물일 경우 그것들에 의해 축소되지 않는다. 그러나 이와 같은 차이가 자리와 행복이 갈등적인 관념들이라거나, 생물학적으로 결정된 필요의 충족이 가치 있는 목적을 추구하기 위한 수단에 지나지 않는다는 것을 의미하지는 않는다. 자리의 충족은 또한 새로운 목적과 목표를 합리적으로 채택하며 기존의 것을 합리적으로 버릴 수 있는 능력의 전제조건이다(1986, 296-7).

둘째, 자리自利는 순전히 자기중심적이고 배타적인 관념이지만 행복은 타인들의 행복에 대한 고려를 내포하는 포괄적인 관념이다. "자리는 행복이라는 폭넓은 관념으로부터, 관련 당사자가 추구하는 바의 목표 가치가 타인의 행복 증진에 관련되어 있을 경우, 그 목표추구의 성공을 제외하고 남아 있는 부분을 말한다." (1986, 297)

셋째, 행복은 잘못된 신념에 바탕을 둔 성공에 의해 증진되지 않는 데 반해, 자리自利는 그와 같은 인식―신념이 잘못됐다는 인식―을 차단함으로써 증진될 수 있다. 왜냐하면, 자리는 단지 신념이 이루어지는 데 대한 심리학적인 만족인 데 반해 행복은 어떤 목적을 추구하는 방식에 고도로 민감하기 때문이다. 자리와 달리 행복은 가치의 도덕적 투명성을 요구한다.

넷째, 사람의 행복은 추구하는 목적 및 목표의 도덕적 질과 성공에 결정적으로 의존하지만, 자리自利는 그러한 것들과는 아무런 관계가 없다. 자리는 놀음이나 농사일에 의해 똑 같이 증진될 수 있지만 행복은 그렇지 않다. 인생관의 올바른 가치평가는 자리와는 관련이 없지만 행복에 있어서는 필수 불가결하다.

라즈는, 자리自利와 행복의 이와 같은 차이를 '사회성 명제' 와 결합시킴으로써 사적인 행복과 도덕의 불가분성을 입증하는 데 활용한다. 그는 행복이라는 개념을 개인의 이해관계와 타인의 이해관계가 통합된 상태로 재규정함으로써 자리와 도덕 사이의 갈등을 해소한다. 그는 "사람들에게 참으로 중요한 것은 그들의 행복이다"고 선언하고 "한 행위자의 행복과 타인의 행복 간에 일어나는 갈등은 간헐적이다"는 점을 강조함으로써 자리와 도덕원리 사이에 일어날 수 있는 갈등을 일거에 지양해버리고자 한다(1986, 318, 320).[16] 하지만 그 자신 역시 이 해결책의 불만족스러움을 잘 인식하고 있다.

> 어떤 이들은 지금까지 주장한 것에 동의할 수 있지만, 아직도 주된 문제가 행위 주체의 행복과 타인들의 행복 사이에 때때로 갈등이 일어날 수 있다는 양해 속에 감춰져 버린다고 느낄 수 있다. 그것이야말로 진정한 주요 문제이며 그것에 대한 고려는 여기서 간단한 주석에 의해 그럴 듯하게 처리해 버릴 수 없는 것이다(1986, 320).

그렇다면 라즈가 행복이란 관념을 고안해낸 진정한 의도는 무엇일까?

> 이 주장의 요지는 그러한 갈등의 해결은 행위 주체의 행복의 토대라는 것과, 갈등 해결의 방법은 타인들의 행복을 존중해야 할 이유들인 가치들에서 발견되어야 한다는 것이다. 행위의 주체는 이러한 가치들에 충실해야 하며, 그와 같은 갈등들에 처해

---

16 위의 책, 318, 320면. 물론 라즈는 도덕과 개인 행복이 불가피하게 일치한다고 주장하고 있는 것은 아니다. 그는 단지 도덕과 개인의 행복 사이의 갈등은 개념적으로나 자연적으로 필연적인 것도 아니며, 갈등에의 강력한 경향이 있는 것도 아니라고 주장하고 있다. 그는 "만일 사회적 형태들이 도덕적으로 건전하다면" 개인의 행복과 도덕은 일반적으로 일치할 것이라고 주장하고 있을 뿐이다(1986, 318-320).

있을 때 그 가치들에 의해 인도되어야 한다. 그렇지 않으면 타인의 행복은 물론 그 자신의 행복 역시 손상된다(1986, 320).

여기서 라즈가 주장하는 것은 단순히 "도덕과 개인 행복의 원천은 오로지 하나이기 때문에" 우리가 그런 도덕적 가치들에 대해 충실하다면 개인 행복과 도덕 사이에는 갈등이 일어나지 않으리라는 것이다. 그러나 이와 같은 주장이 어떤 실질적인 함의를 가질 수 있는가? 사람들은 일상생활에서 자신들의 이익을 추구하는 중 부지불식간에 타인들의 행복에 기여하는 것이 사실이다. 택시 운전사들, 점원들, 우유배달부들, 의사들, 간호사들 모두는 타인들의 행복에 기여하는 방식으로 자신의 이익을 추구한다. 하지만 이 사실에 대한 인식과 가치들에 대한 충실함이 개인의 행복과 도덕 사이에서 일어날 수 있는 갈등들을 해결하기에 충분한 조건이 될 수 있을까? 라즈는 이 점에 있어 매우 낙관적인 것처럼 보인다. 그는 이른바 '도덕인(moral person)'이라는 한 인간유형 속에서 최종적 해결을 찾고자 한다.

그러면 도덕인은 어떤 사람인가? 자리自利와 도덕적 관심 사이의 적합한 관계는 무엇인가? 피상적인 수준에서 보면 도덕인은 그 자신이 추구하는 많은 것들이 非이기적이며, 그의 자리에 기초한 목표가 간헐적인 경우를 제외하면 타인들의 행복과 갈등을 일으키지 않는 사람이라고 말할 수 있다. 도덕인에 대한 이와 같은 정의定意가 비록 사실이긴 하지만, 이 정의는 자리와

타인의 행복 사이의 분리를 지나치게 심각히 여기고 있다. 더
나은 대답은 본유적 가치들을 진작시키는 목표의 추구와 타인
의 행복은 서로 밀접하게 결합되어 있어서 개인의 행복을 도덕
적 관심으로부터 분리시키는 것이 불가능하다는 것이다(1986,
320).

그러나 자리와 도덕의 갈등이 진정한 것이며 또 회피할 수 없
다는 사실을 믿을 만한 이유는 충분히 있다. 라즈 스스로가 인정
하고 있듯이 악은 세상에 만연해 있다(1986, 320). 세상에는 부도
덕한 사람들도 많다. 또한 택시기사들 사이에, 여객선 회사들 사
이에, 여객선 회사와 철도 회사 사이에, 동일한 상품을 생산하는
기업들 사이에 그리고 정당들 사이에도 진정하면서도 지속적인
경쟁이 있다. 이런 경우들에 있어서는 일방의 이익이 타방의 손
실을 초래하는 제로섬 관계가 형성되는 것이 대부분이다. 그리하
여 타인의 이익을 위해서는 자신의 이익을 희생해야 하기 때문에
행복을 추구하는 것이 어렵게 될 수 있다. 이러한 제로섬 갈등은
우리의 일상적인 상업적 · 정치적 삶의 주요한 동인으로 작용하
고 있다.

개인의 행복과 도덕이 밀접히 연계되어 있는 경우가 흔한 것도
사실이다. 그러나 개인의 이익과 타인의 이해관계가 정면으로 부
딪히는 경우 또한 적지 않다. 그러므로 한 개인의 행복과 타인의
행복 사이에는 때때로 갈등이 일어날 수 있다는 지적만으로는 이
와 같은 갈등들을 해결하는 데 전혀 도움이 되지 못한다. 실천철

학의 목적은 무엇인가? 그것은 라즈 스스로 명시하고 있듯이 우리들이 어떤 가치를 추구해야 하며 또 어떤 목적들이 우리의 행위를 인도해야 하는지를 보여주는 것이다(1990, 10). 따라서 실천철학은 연구대상인 인간관계의 본질이나 활동영역을 중심으로 수행되어야 한다(1990, 10-11). 그리고 인간의 활동과 관계는 본질적으로 역사적이기 때문에 실천철학은 본질적으로 문화와 시간에 구속되어 있다. 다시 말해 실천철학은 그것이 관계하는 특수한 인간관계의 역사적 특성에 충실한 한에 있어서만 적실성을 갖는다.

또한 인간의 활동과 인간관계의 복층구조를 고려해 볼 때 하나의 실천철학이 아니라 복수의 실천철학이 있어야 함을 강조할 필요가 있다. 도덕철학, 정치철학, 법철학, 경제철학 등등과 같은 실천철학의 다양한 분야의 존재는 인간적 활동과 관계의 복합적 구조를 반영한다(1990, 10-11). 실천철학의 각 분야는 고유한 개념, 범주, 방법들을 사용함으로써 관련된 인간적 활동과 관계의 독특한 의미와 구조를 조명한다. 환원주의(reductionism)는 다차원적인 구조를 갖고 있는 인간적 활동을 왜곡시킴으로써 각 활동 영역이 인간생활에서 갖고 있는 독특한 의미와 가치를 박탈해버린다. 특정한 시점의 특정한 문화에서 실천철학이 적실성을 갖기 위해서는 관련된 인간적 활동과 인간관계의 특수한 역사적 성격을 잘 인식해야만 한다.

실천철학에 대한 라즈의 이와 같은 이해는 전적으로 동감할 만하다. 하지만 실천철학에 대한 라즈의 일반적인 이해는 실천철학의 한 분야로서의 정치철학에 대한 그의 이해와 잘 부합하지 않는다. 왜냐하면, 정치철학에 대한 그의 이해는 인간적 활동과 관계의 복층구조에 대한 그의 이해와 모순을 보이고 있기 때문이다. 개인의 자리自利와 타인에 대한 도덕적 관심 사이에서 일어날 수 있는 갈등을 극복하려는 그의 시도는 이와 같은 모순을 드러내준다. 그의 해결책은 부지중에 정치를 (自利와 함께) 부차적인 지위로 전락시키는 방식으로 도덕과 정치를 통합시키고 있기 때문이다(1986, 317). 그는 "사람에게 정말로 중요한 것은 행복이다"고 단정해버림으로써 현대정치에서 자리가 차지하고 있는 중요한 역할을 전혀 고려하지 않는다. 실천철학의 성격에 대한 라즈의 이해에 비춰볼 때 실제적인 문제를 개념적인 문제로 해소시켜버리는 이와 같은 태도는 정당화되기 어렵다.

그는 플라톤과 아리스토텔레스가 그랬던 것처럼 주로 개인과 국가 사이의 도덕적 관계에 대해서 논할 뿐 현대사회의 정치철학의 특수한 문제로서의 자리와 집단 이익의 다원주의를 전혀 문제 삼지 않는다. 그렇게 볼 때, 그의 정치철학이 현대의 자유주의 사회를 조명하기에 특별히 적합한 것인가 하는 의문을 감추기 어렵다. 비록 그가 가치다원주의를 표방하고 있긴 하지만 이미 살펴본 바 그 내용의 협소함 때문에 그것만으로는 그의 정치철학의 역사적 성격을 충분히 드러내기 어렵다.

자리自利가 현대정치의 중심적인 한 가지 동기라는 것은 진부한 사실이 되었다. 그와 더불어 자리를 확보하기 위한 계산능력 혹은 실천적 지혜로서의 사려분별력(prudence)은 실천적 삶을 지도하는 필수적인 능력으로 간주되고 있다. 그 때문에 라즈는 사려분별력이 "타인의 이익을 위해 자신의 이익추구를 제약하는" 도덕과 첨예하게 대조된다고 인식하고 있다(1986, 313). 권리는 개인의 삶에서 자리가 차지하고 있는 중요성을 고려하여 인간성의 필수적 보완책으로 고안되었다. 물론 이 말은 권리가 반드시 공동선 혹은 도덕과 충돌한다는 뜻은 아니다. 권리는 때때로 공동선을 고려하여 철회될 수도 있고 공동선을 진작하기 위해 행사될 수도 있다. 하지만 권리가 공동선에 역행하여 행사될 수 있는 것 또한 사실이라 할 수 있다. 여기서 중요한 것은 권리란 관념이 현대 서구세계에 있어서 자리라는 관념의 대두와 밀접한 역사적 친화성을 갖고 있다는 사실이다.[17] 권리는 때로 공동선을 위한 촉매역할을 하기도 하지만 경우에 따라서는 인간다운 삶을 영위하기 위해 필요한 최소한의 자리를 확보하기 위해 공동선에 대한 '트럼프 카드'로서 기능하기도 한다.[18]

여기서 자리自利라는 관념과 그와 관련된 사려분별력에 관한 가능한 한 가지 오해를 불식시킬 필요가 있다. 자리는 주로 홉스 이래 본질적으로 개인들의 생명과 물질적인 안전을 뜻하는 개념으로 사용되어 왔다. 그러므로 "자리는 주로 생물학적인 관념이다"고 하는 라즈의 주장에는 진실이 담겨 있다. 그에 수반하는 미덕으로서 사려분별력은 자리를 확보하는 것을 목표로 삼는다. 그렇

---

17 자연권 이론의 기원과 그 발전에 관해서는 다음을 참조할 것. Richard Tuck, *Natural Rights Theories: Their Origins and Development*(Cambridge: Cambridge University Press, 1979): Richard Tuck, *Philosophy and Government*(Cambridge: Cambridge University Press, 1993).

18 현대사회에서 개인적 권리의 특징과 다양한 행사방식에 관해서는 다음을 참조할 것. John Tomasi, "Individual Rights and Community Values," *Ethics* 101(1991), 521-536.

지만 사려분별력은 그 과업을 인간선(human good)에 관한 일관된 이론을 구성함으로써가 아니라, 무엇보다도 육체적 안전을 위협하는 특별한 악(vice)들을 확인함으로써 달성하고자 한다(Dunn 1985, 167-70). 그것은 본질적으로 소극적이며 실용적인 관념이다. 변덕스러운 삶의 소용돌이 속에서 사려분별력은 최고의 인간적 선을 추구하기보다는 안전한 삶의 조건들을 마련하고자 하기 때문이다.

자유주의 정치에 대한 신중주의적 접근(prudential approach)은 특히 인간다운 삶을 위한 최소조건으로서의 안전을 위협하는 두 가지 악에 주목해왔다. 개인들 상호간의 위협과 정부의 개인에 대한 위협이 그것이다. 정부는 주로 타인들의 위협으로부터 개인들의 생명과 재산을 보호하기 위한 수단으로 간주되어 왔다. 그러나 강력하지만 자의적인 정부는 그 자체가 개인의 안전에 대한 하나의 위협이 되기 때문에 사려분별력은 정부권력을 견제하는 방법을 발전시켜 왔다. 그처럼 정치에 대한 신중주의적 접근은 삶으로부터 죽음, 공포, 불안정, 잔인성 등의 악을 제거하는 데 치중해왔다. 사려분별력은 원대한 이상보다는 지금 이 순간의 긴급한 문제들의 해결에 관심을 갖는다. 물론 이 말은 어떻게 살아야 하는가에 대한 고상한 이상들이 우리의 삶에 있어 중요하다는 것을 부정하는 것은 아니다. 추구할 이상이 없다면 인생은 동물적인 것에 지나지 않을 터이기 때문이다. 그러므로 필자의 주장은 단지 현실성이 있는 정치철학은 현대정치에 있어서 자리自利와 집단이익이 행하고 있는 예측불가능한 역할을 결코 간과해서는 안된다는 것이다. 참으로 혁명적인 자유주의 정치철학은 현대 자유주의 정치의 독특한 현실을 구성하게 된 이익(interest)의 중요성을 수용하면서부터 출발했다는 것은 주지의 사실이다.

포괄적인 종교적 · 도덕적 교의들의 다원주의와 아울러 서로 경합하고 있는 다양한 이해관계들의 다원주의는 현대정치의 독특한 원천이다. 그러한 이해관계들은 포괄적인 도덕적 · 종교적 교의와는 무관하며 현대사회의 끊임없는 재구조화의 과정에서 형성된 것들이다. 포괄적인 교의들로부터 독립적으로 형성된 이해관계의 다원주 때문에 현대정부의 한 가지 기능은 주로 이와 같은 이해관계를 조정하는 것이다(Dunn 1994, 206-25). 서로 경합하고 있는 개인 및 집단이익의 극적인 상호작용과 정부의 간섭 및 조정이 현대 자유주의 정치의 주요한 두 동인이 되어왔음은 잘 알려진 사실이다. 물론 라즈가 주장하듯이 행복의 증진과 보호는 개인생활과 정부 기능의 본질적인 부분일 수 있다. 하지만 이 주장은 자리自利는 정치적인 고려에 있어 부차적인 지위로 밀려나야 한다는 그의 주장을 정당화시켜 주지는 않는다(1986, 317). 라즈의 이와 같은 입장은 정치적 사고로부터 현대정치의 특정적인 측면을 제거해버림으로써 그의 정치이론의 역사적 적실성을 손상시킨다. 집단이익 정치는 현대 자유주의 사회의 엄연한 사실이다. 그 사실을 도외시한 채 정치적 문제를 주로 도덕적 · 개념적 문제로 환원시켜버림으로써 라즈는 부지중에 자유주의 정치철학을 脫정치화시키고 있다.

이와 결부된 라즈 정치철학의 또 다른 한계는 현대정치에 대한 그의 도덕주의적 접근과 연관되어 있다. 도덕은 확실히 인간생활의 보편적인 특징이다. 그러나 그 말이 곧 모든 인간 활동과 관계가 단일한 도덕원리에 의해 규제된다는 것을 의미하지는 않는다. 파레크도 지적하고 있듯이 인간관계의 상이한 측면들을 규제하는 도덕들의 내용은 근본적으로 다를 수가 있다(Parekh 1968, 156-60). 예컨대, "도덕주의자들은 철학이 오직 도덕적 가치들의 결정과 권고에 관련될 뿐이기에 정치에 고유한 도덕적 가치들을 없다고 주장할 수도 있다." 그들은 사적인 삶에서 도덕적으로 가치 있는 것은 정치생활에서도 마찬가지라고 보는 것이다(Parekh 1968, 156). 그러나 "그러한 견해를 따를 경우에는 정치철학이란 구분된 학문분과는 존재할 수 없는 바, 그 이유는 정치철학이 자신만의 고유한 주제를 갖지 못하고 기껏해야 도덕철학의 한 분야에 지나지 않기 때문이다."(Parekh 1968, 156)

여기서 파레크가 강조하는 것은 모든 도덕적 가치들은 관련된 특정 실제와 무관하게 적절히 평가될 수 없다는 것이다. 환언하면 삶의 다양한 영역들을 규제하는 도덕들은 그 도덕들이 규제하는 삶의 특수한 영역으로부터 도출된다는 것이다. 그런 의미에서 삶의 다양한 영역들은 그 영역에 고유한 도덕들에 의해 규제된다는 주장보다는, 다양한 특수한 도덕들은 관련된 실제의 특수한 성격을 반영한다는 주장이 더 진실에 가깝다. 요컨대, 필자가 주장하는 바는 정치의 실제가 정치도덕(political morality)의 진정한 원천이기 때문에 정치도덕을 非정치적인 다른 영역들로부터 이끌어내는 것은 오류라고 하는 것이다.

하지만 라즈는 정치적 도덕원리란 일반적 도덕원리를 정치영역에 적용한 것으로 본다(1986, 4). 그의 견해에 따르면 만인은 타인들의 자율성 행사를 도와줄 도덕적 의무를 지고 있다. 따라서 모든 사람을 위해 자율성의 조건을 확보하도록 최선을 다해야 한다. 이러한 일반적 도덕원리로부터 정부는 그 관할권에 속하는 사람들이 영위하는 삶의 도덕적 질을 증진시켜야 한다는 정치적 도덕원리가 도출된다. 이처럼 라즈의 정치철학체계에서는 정치적 도덕원리와 비정치적 도덕원리 사이에, 혹은 정치라는 특정 영역에서 도덕적으로 건전한 것과 非정치적 영역에서 도덕적으로 건전한 것 사이에 뚜렷한 구분이 없다. 라즈는 정치철학을 종국적으로 도덕철학과 구분 짓지 않고 도덕철학으로 환원시키고 있는 것이다.

하지만 이와 같은 도덕주의적 접근은 서로 대립적인 도덕적·종교적 전통들에 의해 깊이 분열된 사회의 정치를 다룸에 있어 그 한계가 뚜렷하다. 이러한 사회에서는 정치적 도덕원리 자체가 격렬한 논쟁의 대상이 될 수 있기 때문이다.[19] 예컨대, 정치적 도덕원리의 기초로서 라즈가 제시한 행복이란 관념은 얼마든지 상이하게 해석될 수 있다. 행복에 관한 라즈의 해석이 왜 다른 해석들보다 더 우월한 것인가? 왜 자율성이 반드시 행복의 필수적 일부여야 하는가? 非인본주의적 관점에서 본다면 행복이란 관념에 대한 라즈의 해석은 인본주의적인 도그마에 불과할 뿐이다. 다른 도덕적·종교적 전통들은 자율성의 이상이 큰 역할을 하지 못하는 다른 행복관을 가질 수도 있다. 따라서 행복에 대한 특수한 해석에 기초한 라즈의 완전주의적 자유주의는 非인본주의적인 도덕적 · 종교적 하위문화의 구성원들에게는 부당하리만치 억압적인 것으로 느껴질 수가 있다. 다시 말해 다원주의는 심각한 위협을 받게 된다. 바로 이와 같은 이유 때문에 정치에 대한 도덕주의적 · 완전주의적 접근만으로는 현대사회의 심원한 도덕적 다원주의를 적절히 다루기 어렵다.

결론적으로, 라즈의 脫정치화한 자유주의적 정치철학은 현대정치의 극단적 두 형태만을 조명해줄 수 있는 것처럼 보인다. 자유주의자들 사이에서만 가능한 민주적인 도덕적 합의와 잔여집단들에 대한 잠재적 배척이 바로 그것이다. 그 양극단 사이의 일상적인 정치의 영역에서는 침묵할 수밖에 없는데 그 이유는 그 중간영역에서는 어떠한 실질적 제언도 하기 어렵기 때문이다.

---

19 정치도덕은 바로 이와 같은 정치관계의 합의 또는 부산물로서 발생한다고 볼 수 있다. 정치도덕을 이렇게 이해하지 않고 정치를 외부에서 규제하는 초월적인 (혹은 場外적인) 원리로서 보는 것은 정치를 도구적이며 전략적인 행위로 인식하게 만듦으로써 정치의 자율성과 가치를 평가절하하게 만든다. 이에 관해서는 다음을 볼 것. 김비환, 『축복과 저주의 정치사상: 20세기와 한나 아렌트』(서울: 한길사, 2001). 특히 5장 1절을 참조할 것.

자유지상

자유지상

그리고 민주

로크와 스코틀랜드 계몽주의자들
고전적 자유주의의 공동체적 토대

1. 자유주의와 공동체주의는 화해 가능할까?

    19세기 이래 자유주의는 사회주의의 끊임없는 공세에 밀려왔다. 그러나 20세기의 마지막 20년 동안 자유주의는 그 영향력을 극적으로 회복했다. 동구 사회주의 국가들이 몰락하고 그에 따라 마르크스주의의 지적인 영향력이 쇠퇴한 가운데 자유주의는 전례없이 강력하고도 광범위한 영향력을 행사하고 있다. 국내질서에서는 개인의 자유와 권리가 거의 신성한 원리가 되어가고 있으며, 국제적 차원에서는 국경을 초월한 자유로운 자본의 이동이 만국에 번영을 가져다 줄 것처럼 선전되고 있다. 개인 또는 기업의 자유와 권리는 이 시대의 신성한 원리로서 찬양되고 있는 반면, 공동체 혹은 전체 사회의 행복을 위해 개인의 권리와 자유를 제약하는 것은 정의에 어긋난 것으로 인식되는 경향이 있다. 자유주의의 승리를 선언한 후쿠야마의 '역사의 종말' 론은 현대사회의 권리와 자유의 홍수에 의해 그 진실성이 입증되고 있는 느낌이다. "그것은 나의 권리다", "그것을 하는 것은 나의 자유다"라고 선언하는 것은 이미 어떤 논쟁의 종결을 의미한다. 그러한 선언은 공동체건 타인이건 그 어떤 누구도 나의 자유와 권리를 침해할 수 없다는 거의 절대적인 원칙을 천명한 것이므로 더 이상의 양보나 논쟁이 불필요하다는 것을 의미하기 때문이다. 드워킨은 권리를 '트럼프 카드'로 비유함으로써 이와 같은 권리의 절대성을 표현하고 있다 (Dworkin 1977). 공동체 전체의 이익과 개인의 이익이 충돌할 경우 권리는 항상 개인의 이익을 보호해주는 역할을 한다. 공동체 전체의 선에 반할지라도 개인의 이익이 권리로서 보호되고 있는 한, 개인의 이익은 공동체 전체의 선을 제압할 수 있다는 것이다.[20]

이와 같은 정황을 두고 볼 때, 현대사회를 특징짓고 있는 권리와 자유라는 용어의 범람을 현대사회의 주요한 문제들에 연계시켜 이해하려는 시도는 이해할 만하다. 자유주의에 우호적이지 않은 이들은 사회의 주요한 사회적 · 도덕적 문제들의 원천이 개인의 자유와 권리를 강조하는 자유주의 철학에 있는 것처럼 비판해왔다. 개인의 권리에 기초한 담론과 문화는 사회를 더욱 원자화시키고 공동선에 대해 무관심하게 만들며, 전통적 권위를 위축시키고 공적인 것을 사적인 것에 종속시킨다는 것이다. 나아가서 이기주의와 도덕적 회의주의 그리고 상대주의를 부추김으로써 공동체의 유대를 해체시키는 한편, 불신과 소외, 불안과 고독을 확산시킴은 물론 각종 범죄를 유발시킨다는 것이다. 이 비판들은 쉬미트(C. Shmitt)와 같은 20세기 초의 파시스트 정치이론가들을 비롯해서 20세기 중반의 쉬트라오스(L. Strauss), 아렌트(H. Arendt) 그리고 맥퍼슨(C. B. Macpherson) 등을 거쳐 오늘날에도 매킨타이어(A. MacIntyre), 샌들(M. Sandel), 웅거(R. Unger) 그리고 테일러(C.

---

20 이 설명은 공리주의 공공철학에 대해 칸트주의적 권리중심 공공철학의 반박논지를 요약한 것이다.

Taylor)와 같은 소위 새로운 공동체주의자들에 의해서도 개진되고 있다(Shmitt 1976; Strauss 1953 & 1959; Arendt 1958; Macpherson 1962; MacIntyre 1985 & 1988; Sandel 1981; Unger 1975; Taylor 1985).[21] 이들에 의하면, 자유주의 이론은 서로 분리되고 고립된 이방인들로서의 자유주의적 개인과 어떠한 역사나 전통도 갖지 못한 뿌리 없는 사회의 모습을 그대로 반영하거나, 아니면 실상은 서로 결합되어 있고 중첩되어 있는 개인들의 공동체를 그릇되게 묘사함으로써 공동체의 해체와 소멸을 가속화한다고 한다(Walzer 1990, 6-90). 자유주의 이론이 자유주의 사회의 실제를 그대로 반영하는가 아니면 공동체적인 실제를 잘못 묘사하고 있는가는 상관없이, 이들 反자유주의자 또는 非자유주의자들은 자유주의 이론이 공동체의 존재론적 우선성을 인정하지 않음은 물론 공동선의 중요성을 폄하하고, 개인의 권리와 자유를 절대적인 도덕적 원리로 삼음으로써 현대사회의 도덕적 황폐화를 초래하고 있다며 한 목소리로 비판하고 있다.

　킴릭카(Will Kymlicka)와 같은 자유주의자들은 이와 같은 非자유주의자들의 공세에 직면하여 현대의 자유주의는 테일러의 이른바 '사회성 명제(social thesis)'를 부정하지 않는다고 대응하고 있다. 킴릭카에 따르면, 현대 자유주의는 개인이 특정한 공동체에 자리

---

21 물론 이 지적이 20세기 중반기의 非자유주의적 정치이론 및 오늘날의 새로운 공동체주의 정치이론에 파시스트적인 함의가 있다는 것을 의미하지는 않는다. 이들 사이에는 자유주의적 가치와 질서에 대한 대안을 제시함에 있어 근본적인 차이가 있다. 非파시스트들이 자유주의에 대한 대안적 질서의 이상을 주로 고대 그리스와 로마의 공화주의 전통에서 찾는 반면 파시스트 이론가들은 19세기의 인종주의 이론 및 독일 낭만주의 운동으로부터 영향을 받고 있다.

잡고 있는 사회적 존재라는 것을 부정하지 않는다는 것이다. 다만 자유주의에 있어 중요한 것은 "아무리 우리가 사회적 실제와 전통에 깊이 연루되어 있다고 할지라도" 그와 같은 실제와 전통이 과연 가치 있는 것인가를 의문시할 수 있는 능력이 있다는 것이다(Kymlicka 1988, 191). 1980년대 들어 역사주의적 전회를 반영한 롤즈의 '정치적 자유주의'는 그 의도에 있어 자유주의 사회의 공적 문화에 대한 해석에 기초하여 자유주의를 재구성하고 있다는 점에서 공동체주의자들에 대한 킴릭카의 반박을 뒷받침해주고 있다(Rawls 1985, 1987 & 1993). 그리고 현대의 다른 자유주의자들도 롤즈의 역사주의적 전회를 따르고 있다는 점을 고려할 때, 현대 자유주의에 대한 공동체주의자들의 비판은 어느 정도는 과장된 것이라 할 수 있다(Rorty 1989; Mulhall & Swift 1993).

하지만 현대 자유주의에 대한 공동체주의자들의 비판이 과장된 것이라 치더라도, 고전적 자유주의에 대한 非자유주의자들의 비판 역시 과장된 것인가 하는 문제는 잘 해명되어 있지 않은 듯하며, 특히 한국의 학계에서는 고전적 자유주의자들에 대한 쉬트라오스와 맥퍼슨의 비판이 여전히 주류를 이루고 있다. 킴릭카가 고전적 자유주의와 현대의 자유주의를 구분하고, 최소한 존 스튜어트 밀과 롤즈와 같은 주요한 현대 자유주의자들에 대해서는 공동체주의자들의 비판이 그대로 적용되기 어렵다고 주장하고 있다는 점과, 기독교 신학의 요소만 제거한 채 로크의 자기소유권(人身權, self-ownership) 개념을 그대로 자유주의 정치질서의 절대적인 도덕적 토대로 삼고 있는 노직(R. Nozick)과 같은 자유지상주의자

(libertarian)들의 新자유주의적 논리가 대중적인 설득력을 지니고 있는 현실을 두고 볼 때, 고전적 자유주의에 대한 非자유주의자들의 비판은 결코 과장된 것이 아닐 수도 있다는 인상을 갖게 한다.

그동안 고전적 자유주의자에 대한 변호가 그다지 활발하지 못했던 데는 쉬트라오스 맥퍼슨과 같은 권위 있는 정치이론가들이 고전적 자유주의에 대해 극히 비판적인 태도를 견지했다는 사실도 큰 영향을 미쳤다. 쉬트라오스와 맥퍼슨은 로크와 같은 초기 자유주의자들의 사상을 부르주아 자본주의 시대의 주역인 소유 집착적(possessive) 부르주아 계급의 인간상과 이해관계를 대변하는 것으로 해석했다(Strauss 1952, chap. 4; Macpherson 1962, 23). 이들을 추종한 非자유주의 이론가들은 이 해석을 수용함으로써 자유주의적 인간을 빈번히 원자와 같은 존재로서, 어떤 지속적이고도 깊은 공동체적 유대와 의무를 결여하고 있을 뿐만 아니라 자신의 이익에만 관심을 갖고 있는 존재로서 규정한다(Bay 1978; Barber 1983; Sibley 1978). 예컨대, 바버는 자유주의적 개인을 근대 소비자 세계(consumer's world)의 인간상으로 규정하고 있다 (1983, 20-24). 소비자로서의 자유주의적 개인은 "물질적 행복과 신체의 안전을 도모하는 고독한 추구자"이며, "자유는 이기성과 구분될 수 없고", "평등은 시장교환성(market exchangeability)으로 환원되어 필수적인 가족적·사회적 맥락으로부터 분리된다. 그리고 행복은 정신을 희생시킨 물질적 만족에 의해 측정된다." (Barber 1983, 24) 베이(C. Bay) 역시 자유주의적 인간을 "도덕적·정치적 본질을 갖추지 못하고 단지 많은 계약적 권리와 의무만을 가진 채 어떠한 진정한 공동체에도 속하지 못하고 표류하는 불구의 인간"으로 묘사하고 있다(Bay 1978, 30).

쉬트라오스 맥퍼슨 등이 구성해놓은 자유주의 인간상은 현대의 공동체주의자들에 의해 '추상적 인간(abstract man)'으로 대체되었다. 쉬트라오스와 맥퍼슨 및 그들의 해석을 계승한 이들이 자유주의적 개인의 심리적 특성을 강조한 반면, 현대의 공동체주의자들은 자유주의적 개인의 '추상적 성격'을 강조한다. 다시 말해, 그들은 자유주의자들이 전제하고 있는 자아를 그 존재론적인 의미에 있어 구성적 공동체(constitutive community)보다 앞서 존재하면서 공동체를 자신의 판단과 선택의 대상으로 간주하는 초역사적이며 무연고적인(unencumbered) 자아로 개념화한다(Sandel 1981). 예컨대, 왈저는 자유주의 질서 속에서의 개인은 "전적으로 제도와 관계의 바깥에 존재하며, 그들이 선택하는 한에서만 제도와 관계 속에 들어간다"고 보면서 그와 같은 인간은 어떤 상상할 수 있는 사회적 세계 속에서 존재하지 않고 존재할 수도 없다고 주장한다(Walzer 1984, 324). 자유주의 사회에서 개인들이 누리는 자유와 권리는 이와 같은 자유주의적 자아의 추상적 성격의 논리적 귀결로 이해된다.

하지만 1960년대 후반 포콕(J. G. A. Pocock), 던(J. Dunn) 그리고 스키너(Q. Skinner)와 그 후예들을 중심으로 전개된 수정주의적인 정치사상사 연구는 고전적 자유주의에 대한 기존의 이해와 평가를 근본적으로 수정할 수 있는 중요한 계기를 제공했다(Pocock 1964; Dunn 1968; Skinner 1969). 이 새로운 정치사상사가들은 어떤 이론가의 정치사상을 그 정치사상을 배태한 구체적인 역사적 상황과, 그 상황을 이해하고 평가할 수 있도록 해주는 다양한 이데올로기적 전통들이 경합하고 있는 이데올로기적 맥락, 그리고 그 상황에서 특수한 목적과 동기를 가지고 행위하는 이론가의 저작 의도를 확인함으로써 이해코자 했다. 정치적 저술들은 특정한 역사적 국면에서 특정한 목적과 동기를 갖고 있는 행위자의 관점에서 쓴 것이므로 그 이론가의 저술 의도를 파악할 때만이 그 저술의 진정한 역사적 의의를 이해할 수 있다는 것이다. 이와 같은 맥락주의적 정치사상사 방법의 광범위한 수용과 적용은 전통적인 쉬트라오스주의자들의 문헌중심 연구와 맥퍼슨의 마르크스주의적 사회구조분석 연구방법의 한계를 부각시켜줌으로써 정치사상사 연구의 진일보에 기여했다(Ball 1995, 3-38; Dunn 1997, 11-38).

어떤 정치적 저술이 씌어진 구체적인 역사적 · 이데올로기적 맥락과 필자의 저술의도를 무시한 채 문헌중심의 해석(textualist interpretation)을 할 경우, 저술의 문언文言들은 구체적인 역사적 · 이데올로기적 맥락이 고려되지 못한 결과 해석자들이 자신의 의도에 맞게 자의적으로 해석할 수 있는 대상이 된다. 이런 연구방법은 어떤 저술을 현재 해석자의 의도에 맞게 활용할 수 있다는 점에서 의미가 없는 것은 아니지만, 어떤 저술이 갖는 원래의 역사적 의미를 크게 왜곡시켜 버릴 수도 있다. 반면에, 마르크스주의적인 사회구조분석 연구는 어떤 저술이 씌어진 시기의 사회구조의 특성에 관한 이해를 통해 저술의 의미를 결정짓는 방식을 택한다. 예컨대, 만일 홉스의 『리바이어던』이 씌어진 17세기 중반의 영국이 시장자본주의 사회로 규정된다면, 홉스는 부르주아 자본주의 사상가이며 『리바이어던』은 부르주아 계급의 가치를 반영한 부르주아 정치이론의 성격을 갖는 것으로 해석된다. 맥퍼슨이 홉스와 로크를 부르주아 사상가로 규정하면서, 자신의 주장을 뒷받침하기 위해 당시의 영국사회가 성숙한 부르주아 자본주의 시대임을 입증하기 위해 노력한 것이 사회구조분석 연구방법의 좋은 예라 할 수 있을 것이다(Macpherson 1962, appendix). 그러나 이 연구방법 역시 특수한 역사적 국면을 공유하지만 상이한 이해관계 때문에 대립하고 있는 경쟁하는 집단들 중의 하나에 속해 있으면서 특정한 의도를 가지고 저술한 이론가의 주관적인 동기를 무시함으로써 저술의 진정한 의미를 놓치게 되는 한계를 지니고 있다. 이 연구방법을 취할 경우 어떤 이론가가 속한 시대의 사회구조적 특성에 대한 규정에 일차적인 합의가 없는 상황에서는 어떤 저술이 갖는 정확한 의미를 알 수 없게 된다. 17세기 영국이 맥퍼슨이 생각한 것처럼 성숙한 부르주아 자본주의 시대로 보기 어렵다는 최근의 연구는 홉스와 로크의 사상을 부르주아 정치사상으로 규정한 맥퍼슨의 해석이 그릇되었다는 강력한 증거로 제시될 수 있을 것이다.

　이렇듯 전통적인 문헌중심 연구와 사회구조분석 연구에 대한 수정주의자들의 도전은 기존의 정치사상사 연구방법의 판도를 바꿈으로써 고전적 자유주의에 대한 새로운 이해를 가능하게 해주었다. 수정주의자들의 방법론에 따라 고전적 자유주의자들의 저작을 당시의 구체적인 역사적 맥락 속에서 이해할 경우, 그들의 사상이 非자유주의자들이 이해하듯 그렇게 反공동체적이거나 공동선을 무시하지 않았다는 것을 알 수 있다. 이 글은 대표적인 고전적 자유주의자들인 로크와 흄(David Hume, 1711~1776), 스미스(Adam Smith, 1723~1790), 그리고 퍼거슨(Adam Ferguson, 1723~1816) 등의 저작들 속에서 공동체주의적인 언급들을 확인 추출함으로써 고전적 자유주의에 대한 非자유주의자들의 비판 근거가 정당하지 못한 것임을 부각시키고자 하는 것이다. 그리고 한 걸음 더 나아가, 고전적 자유주의에 대한 역사적·맥락적 이해를 바탕으로 개인의 자유 혹은 권리와 공동체의 상호의존성을 부각시킴으로써 오늘날의 자유주의-공동체주의 논쟁을 생산적으로 극복 혹은 종합해낼 수 있는 가능성을 찾고자 함이다. 킴릭카의 주장처럼 현대의 자유주의가 인간의 사회성과 공동체의 가치를 부정하지 않고, 또 이 글이 주장하듯이 고전적 자유주의 역시 인간의 삶에 있어 공동체의 필수성과 공동선의 가치를 전혀 의문시하지 않았다고 한다면, 자유주의와 공동체주의가 반드시 양립불가능하거나 화해 불가능한 관계에 있다고 볼 필요는 없게 된다.

이하 이 글의 구성은 다음과 같다. 2장에서는 고전적 자유주의들이 정치사회 또는 정부의 기원과 목적에 관하여 설명할 때 긍정적인 의미로든 부정적인 의미로든 거의 빠짐없이 거론했던 사회계약이란 메타포의 정치맥락적 의미를 다룬다. 사회계약은 자연상태의 개인들이 정치사회로 넘어오기 위해 거치는 절차로서 정치사회의 기원과 목적을 드러내주기 위해 당시의 자유주의자들이 즐겨 사용했던 가정상의 상황이었다. 사회계약과 자연상태의 인간에 관한 초기 자유주의자들의 묘사에 대한 오해가 고전적 자유주의에 대한 비판의 원인이 된 만큼, 그 오해를 푸는 것은 고전적 자유주의의 역사적 의미에 대한 올바른 이해를 위해서도 반드시 필요하다. 그리고 고전적 자유주의자들이 가장 많은 비판을 받아온 부분인 소유 집착적이고 이기적인 인간관에 관한 오해를 불식시키는 것도 2장의 중요한 목표이다. 3장에서는 고전적 자유주의자들이 공동선을 무시하고 사익을 극대화하는 데만 관심을 쏟았다는 지적 역시 정당한 비판이 아님을 밝히고자 한다. 이 장에서는 초기 자유주의자들이 개인의 이익추구를 정당화하고 심지어 찬양하기까지 했다는 것이 사실이라 해도 그들이 결코 공동선이나 공동체에 대해 무관심하지 않았다는 것을 보여주고자 한다.

한편, 2-3장에서 고전적 자유주의자들의 정치사상을 맥락주의적 접근방식으로 이해해야 한다고 주장했을지라도, 그 접근방식을 통해 도달한 결론의 타당성은 궁극적으로 그 저술이 담고 있는 내용에 의해 뒷받침되어야 한다. 그렇지 않을 경우, 맥락주의적 접근은 어떤 식의 해석도 반드시 그릇된 해석이 아닐 수 있다는 가능성을 용인해야 하기 때문이다. 따라서 각 장은 맥락주의적 해석을 뒷받침할 수 있는 고전적 자유주의자들의 주장을 로크와 스코틀랜드 계몽주의자들—특히, 스미스, 흄 그리고 퍼거슨—을 중심으로 제시하는 과제를 포함한다.

4장에서는 현대 공동체주의에 대한 역사적·맥락적 해석을 제안하고, 현대 공동체주의자들이 자유주의의 역사적 성취들을 결코 부정적으로만 보지 않는다는 문헌상의 근거를 제시하고자 한다. 그리고 맺음말로 그동안 주로 대립적으로 이해되어온 공동선과 사익의 상호의존적 관계를 부각시킨다. 그리하여 바람직한 정치공동체 원리를 모색함에 있어 자유주의자들과 공동체주의자들이 협력할 수 있음을 주장한다.

2. 자연상태, 사회계약 그리고 자연인의 신화

　본래 서구의 자유민주주의는 개인의 자유와 권익을 지나치게 억압했던 봉건적인 신분질서와 절대권력에 대한 사회 정치적 저항으로서 출현했다(Rosenblum 1987, 161). 그것이 의도한 진정한 목표는 공동체 그 자체의 파괴가 아니었다. 자유민주주의는 단지 개인들이 어느 정도는 자유로운 판단과 선택을 통해 삶을 영위할 수 있을 때에 보다 인간답고 가치 있는 삶을 살 수 있다는 열망의 표현이었지, 결코 공동체의 해체를 목표로 삼은 것은 아니었다. 근대 초에 형성된 자유주의가 표면적으로 反공동체적으로 보였던 이유는 주로 자유주의 사상가들이 채택했던 방법론적인 개인주의, 그 존재론적 가정으로서의 추상적 인간관, 그리고 그 논리적 귀결로서의 계약주의적 사회 관념의 채택 때문이었다. 그러나 최초의 자유주의 사상가들은 결코 공동체의 해체를 목표로 그와 같은 새로운 사회 · 정치이론을 제시한 것이 아니라 당시의 정치상황에 대한 자신들의 정치적 이해관계를 관철시킬 목적으로 그러한 메타포와 방법들을 채택했다(Ashcraft 1994, 227; Holmes 1993, 187; Rosenblum 1987, 161). 당시의 자유주의자들은 자신의 이론을 무기로 삼아 왕의 정당하지 못한 권위에 대한 적극적인 저항을 정당화하고자 했으며, 이 과정에서 구질서의 억압성 및 이를 정당화했던 '자연적 예종(natural subjection)'의 이데올로기적 전통에 효과적으로 대응하고자 했다(Tully 1993, 16-18, 33). 그러므로 당시의 자유주의자들에게는 개인이 실제로 추상적인 존재이며 사회계약이 실제로 성사되었는가 하는 문제보다는 그러한 주장을 통해 그들의 개혁을 얼마나 효과적으로 뒷받침할 수 있는가가 보다 더 중요한 문제였던 것이다. 홈즈(S. Holmes)는 反자유주의자들의 자유주의 비판의 부당성을 다음과 같이 요약하고 있다.

미리 지적해둬야만 하는데, 反자유주의자들은 습관적으로 자유주의자들의 문헌들을 無정치적으로 해석한다. 그들은 자유주의자들이 쓴 소책자와 논문들을 그 정치적이고 논쟁적인 목적을 무시한 채 원래의 맥락으로부터 분리시켜 곡해하며, 자유주의자들이 (실용적인 사람들로서) 까다로운 현실에 직면하여 자신들의 이상을 상당히 현실화시킨 것을 무시한다.……反자유주의자들에 대한 최선의 교정책은 예컨대 어리석은 '인간에 관한 철학'을 제시한 것으로 조소받고 있는 자유주의자들이 실제로는 제한된 수단으로써 구체적인 역사적 문제들을 해결하기 위해 특수한 제안을 하고 있는 것이지, 전혀 어떤 정교한 '철학'을 제시하고 있는 것이 아니라는 사실을 자주 보여주는 것이다(Holmes 1993, 187).

역설적이게도 자유주의자들이 공동체의 맥락으로부터 벗어나 있는 추상적인 개인을 상정했던 사실은 개인이 실상은 공동체에 깊이 연루되어 있다는 것을 역설적으로 표현한 것이다. 개인을 억누르는 공동체의 무게가 무겁다고 느낄수록 자유와 평등을 열망하는 자유주의자들은 그만큼 더 공동체의 맥락으로부터 독립된 추상적인 자아의 이미지를 가상의 자연상태 속에 투사할 필요가 있었다. 따라서 자유주의자들의 추상적 자아관은—자유주의자들도 결코 실제의 자아의 모습이라고 믿지는 않았을 터인데— 보다 더 자유로워지고 평등해진 질서를 향한 실천적 노력을 뒷받침하기 위해—그들도 결코 영원히 성취할 수 없다는 것을 알고 있는— 다분히 전략적으로 제시된 인간의 이미지였다. 그것은 개인의 실제 속성에 대한 규명이 아니었다(Rosemblum 1987, 161). 불평등한 신분질서를 타파하고 억압적인 정치권력을 제한하기 위해서 정치사회와 정치권력을 자유롭고 평등한 개인들의 자유로운 선택과 합의의 결과로서 제시하는 것보다 더 효과적인 방법이 있었겠는가? 정치사회의 존립근거를 자연상태에 있던 평등하고 자유로운 개인들의 필요와 욕구에 두게 될 경우, 불평등한 신분사회와 억압적인 정치권력은 인습의 산물로서 원래의 자연적 상황과 모순 되는 부당한 것임이 쉽게 비판될 수 있다. 자연상태 이론가들은 지배계급들로 하여금 그들이 누린 세습적 권위와 독점적 기득권이 왜 정당한 것인지를 증명하도록 촉구한 바, 인간의 자연적 자유와 평등에 대한 주장은 그와 같은 저항을 뒷받침해준 도덕적 토대였던 것이다. 따라서 자연상태는 인간이 그로부터 진화해온 최초의 역사적 존재상태가 아니라 어떤 점에서는 자유주의자들이 앞으로 성취해야 할 이상과 염원을 담고 있는 것이다(Holmes 1993, 193). 이처럼 근대 초의 자유주의자들은 불평등이 제거되거나 완화되고 정치권력이 좀 더 관용적으로 행사되는 공동체를 원했을 뿐이었지 결코 공동체적 유대 자체를 해체하고자 했던 것이 아니었다. 그러므로 고전적 자유주의가 反공동체적이라는 널리 퍼진 인식은 고전적 자유주의자들이 실질적으로 反공동체적이라기보다는 상당 부분 非역사적이며 超맥락적인 정치사상사 방법론, 非자유주의자들의 곡해와 비판, 그리고 오늘날의 자유(권리)의 담론과 문화에 기인한 것이다.

사실상 고전적 자유주의에 대한 맥락주의적 해석의 정당성을 뒷받침해줄 수 있는 문헌상의 근거는 얼마든지 있다. 아래에서는 로크, 스미스, 흄 그리고 퍼거슨의 저술 속에서 개인의 사회적 성격을 인정하거나 암시하고 있는 문언文言들을 확인함으로써 고전적 자유주의자들이 지나치게 이기적인 인간상을 제시했다거나 추상적인 인간상을 전제하고 있다는 익숙한 비판들의 오류를 지적하고자 한다.

주지하듯이, 로크는 맥퍼슨에 의해 '소유집착적인 개인주의' 정치이론가로 규정되었고 그 이후에도 비슷한 평가를 받아왔다. 하지만 로크의 저술들과 생애를 면밀히 살펴볼 경우 로크가 과연 실제적 인간을 그와 같은 식으로 이해했는가에 관해 의구심을 갖게 된다. 로크가 인간을 자기이익을 추구하는 존재로 본 것은 분명하지만 그것이 곧 개인은 본성적으로 反사회적인 존재라거나

非사회적인 존재라는 것을 의미하지는 않는다. 로크가 인간을 사회적인 존재로 보고 있다는 것을 직접적·간접적으로 보여주는 문언들을 충분히 찾을 수 있다. 예컨대, 로크는 『정부론 2편』 7장의 서두에서 인간의 천성적 사회성을 다음과 같이 설명하고 있다.

> 하느님은 인간을 다음과 같은 피조물로 만드셨다. 하느님은 인간이 홀로 사는 것이 좋지 않다고 판단하여, 필요나 편의 또는 성향의 강력한 영향을 통해 사회를 이루지 않으면 안되도록 하셨다. 그리고 인간이 사회를 지속해가며 향유할 수 있도록 이해력과 언어도 주셨다. 최초의 사회는 남편과 아내 사이에 이루어졌으며, 그로부터 부모와 자식들과의 사회관계가 발생했다(Locke 1988, 318-319).

로크에 의하면, 신은 이와 같이 이룬 사회관계를 지속할 수 있도록 부모의 손에 미성년기의 자식들을 통제할 수 있는 권위를 부여하셨다. 그리고 그 자식들이 부모의 권력아래 있어야 하는 동안, 신의 지혜가 계획한 대로 그 권력을 행사할 수 있도록 그 권력을 완화시킬 수 있는 부드러운 성품과 염려의 성향 및 자애심을 인간본성의 원리 속에 주입하셨다(Locke 1988, 309). 반면에 자식들은 부모로부터 받은 은혜에 감사하며 부모를 존경하고 도와야 할 영구적이면서도 불가결한 의무를 진다(Locke 1988, 310, 313). 또한 로크는 인간의 사회적 성격은 자식과 부모 사이에만 존재하는 것이 아니라 다른 모든 인간관계에서도 존재한다고 본다. 즉, 로크는 자연상태의 이방인들 사이에서 이루어진 약속도 지켜진다는 것을 강조하면서 "신의를 지키는 것은 하나의 인간으로서이지 사회의 일원으로서가 아니다"고 강조하고 있다(Locke 1988, 15). 로크는 나아가서 자연상태를 논하는 가운데 인간은 자기 자신의 안전이 위협당하지 않는 한 '최선을 다하여' 다른 사람들을 보호해야 할 의무를 지며, "가해자를 처벌하는 경우가 아니라면, 타인의 생명을 취하거나 손상시켜서는 안 되고, 타인의 생명과 자유, 건강과 사지四肢 또는 재화를 보호하는 데 필요한 것들을 손상해서는 안된다"는 것을 강조하고 있다(1988, 271). 마찬가지로, 정복에 관해 논하는 가운데 그는 다음과 같이 설명하고 있다.

> 기본적인 자연법은 가능한 한 모든 사람들이 보존되어야 한다는 것이기 때문에, 만일 양자, 즉 정복자의 손실과 어린아이들의 생계유지를 모두 만족시켜줄 수 있을 정도로 충분하지 못한 경우에는, 그냥 줄 수 있을 정도로 충분히 가진 자는 자신의 충분한 만족의 약간을 양보하고, 그것이 없을 경우 죽을 위험에 놓인 사람들의 절박하고도 우선적인 권리에 양보하지 않으면 안 된다(Locke 1988, 391).

인간의 사회적 성격에 대한 긍정은 『정부론』에서뿐만 아니라, 『인간오성론An Essay Concerning Human Understanding』에서도 확인된다. 『인간오성론』의 3편 1장의 서두에서 로크는 다음과 같이 진술하고 있다. "신은 인간을 사회적인 피조물로 지으셨기 때문에, 다른 사람들과 연대를 맺으려고 하는 성향과 필연성을 가진 존재로 만드셨을 뿐만 아니라, 사회의 위대한 도구이자 공동의 이음줄이 된 언어를 주셨다."(1961, 205) 또한 그의 『교육론』은 일차적인 사회화과정의 중요성을 부각시켜 주고 있으며, 개인의 신념과 도덕이 사회적 의사소통과정에서 형성된다는 것을 충분히 인식하고 있다(Holmes 1993, 191). 즉, "대부분 사람들은 태어나서 함께 교육받은 사람들 사이에서 그들의 태도와 신념을 모방하면서 도덕을 형성한다"고 주장하고 있다(Holmes 1993, 191).

이와 같은 문헌상의 증거 외에도, 로크가 활동했던 당시의 새로운 이데올로기적 조류로서의 新해링턴주의의 형성과, 로크의 적극적인 삶의 역정은 로크가 인간을 사회적 존재로 보았음을 지지해준다. 17세기 후반 왕정복고 이후 영국에서는 공화주의적인 新해링턴주의가 등장했는데, 이 해링턴주의는 18세기의 급진주의에 커다란 영향을 미치게 된 새로운 '공영체적 인간(commonwealth-man)'의 이데올로기를 주된 내용으로 갖고 있었다. 포콕(J. G. A. Pockok)은 이 동적인 새 이데올로기의 기원을 제1대 샤프츠버리(Shaftesbury) 공작인 쿠퍼(Anthony Ashley Cooper)의 성품에서 찾고 있다(Huyler, 1997, 8). 주지하듯이, 로크는 1667년 이후 쿠퍼와 동고동락하며 봉사하게 되었고, 그의 『정부론』은 가톨릭 신자였던 제임스 스튜어트의 왕위계승 반대운동을 벌였던 쿠퍼의 정치적 대의를 지지하기 위해 씌어진 것이었다(Cranston 1985; Ashcraft 1994). 그렇게 볼 때, 로크의 자유주의와 新해링턴주의적 공화주의는 같은 뿌리를 갖고 있었다고 할 수 있으며 이는 당시의 급진주의적 공화주의자였던 시드니(Algernon Sidney)의 사상에 로크의 영향이 작용했다는 사실에 의해 뒷받침된다(Hulyer, 1997, 8). 또한 종교적 박해와 갈등 그리고 재산권과 상업적 자유에 대한 침해가 일상화되어 있었던 당시의 상황에서 자신의 생명을 걸고 종교적 관용과 상업적 자유의 확보를 위해 저항했던 로크의 적극적인 삶 역시 로크가 인간을 사회적 존재로 보았음에 틀림없다는 것을 웅변적으로 보여주고 있다.

의심할 여지없이 자유주의적 전통에 속하는 스코틀랜드 계몽주의자들의 저작 역시 인간의 사회적 성격을 강력히 옹호하고 있다. 흄은 인간의 모든 행위 동기가 이기적이라는 것을 부정하며, "모든 도덕적 감정을 자기애(self-love) 원리에 의해 설명하는 이론을 버려야만 한다"고 주장한다(Norton 1993, 155에서 재인용). 흄은 모든 도덕을 인위적인 교육의 산물로 본 맨더빌(Bernard de Mandeville)의 주장에 반대하면서, 도덕이 인간의 마음의 구조 속에 근거하고 있다고 주장한다. 즉, 흄은 자연이 "마음의 원래의 구조 속에 근거하여" 도덕적 구분을 하지 않았다면 "다음과 같은 낱말들, 즉 명예스러움과 부끄러움, 사랑스러움과 혐오스러움, 숭고함과 경멸스러움과 같은 단어들은 어떤 언어들에서도 결코 자리를 차지하지 못했을 것이며, 또한 정치가들이 만일 이 단어들을 고안했더라도 그것들을 이해가능하게 만들지 못했거나, 그 단어들이 청중에게 어떤 생각을 전달할 수 있도록 만들지도 못했을 것이다"고 주장한다(Norton 1993, 156에서 재인용). 『도덕원리연구 *Enquiry Concerning the Principles of Morals*』에서 흄은 인간본성에 관하여 다음과 같이 분명하게 언급하고 있다.

왜 우리가 인간애 혹은 동료애를 가지고 있는가를 물을 정도까지 우리의 연구를 추진할 필요는 없다. 그것은 인간본성에 있는 원리로서 경험된다는 말만으로 충분하기 때문이다. 우리는 어딘가에서 원인들에 대한 우리의 검토를 멈춰야만 한다. 그리고 모든 학문에는 그것을 넘어선 더욱 일반적인 어떤 원리를 발견할 수 없는 몇몇의 일반원리들이 있다. 어떤 사람도 타인들의 행복과 비참함에 절대적으로 무관심할 수는 없다. 첫 번째 것(행복)은 사람들에게 기쁨을 주는 경향이 있으며, 두 번째 것(비참)은 고통을 주는 경향이 있다. 이 원리를 모든 사람들은 자신 속에서 찾을 수 있다(5.2).

인간이란 피조물에 있어 두드러진 자애의 감정보다도 더 나은 장점은 없는 것처럼 보인다(2.2).

인간의 목적상……충분한 것은 인간의 가슴속에는 아무리 적은 양이라 하더라도 약간의 자애가 있으며, 인간에 대한 우정의 불꽃이 있고, 늑대와 뱀의 요소와 나란히 비둘기적인 요소가 반죽되어 들어 있다는 사실이다(9.1. 이상 세 인용문은 Norton 1993에서 재인용).

사익私益의 자유로운 추구는 사회 전반에 걸쳐 복지를 극대화한다는 주장으로 잘 알려진 『국부론』의 저자 아담 스미스 역시 『도덕감정론』에서 인간본성의 사회적 성격을 강변하고 있다. 특히 『도덕감정론』의 3부 "우리 자신의 감정과 행위에 관한 우리의 판단기초 그리고 의무감에 대해서"는 인간의 사회적 성격을 가장 분명하게 강조하고 있다. 그 중 몇 부분만을 인용하면 다음과 같다.

자연이 인간을 사회에 적합하도록 만들었을 때, 자연은 인간에게 자신의 이웃 형제들을 기쁘게 해주고 싶다는 본원적인 욕구와 그들을 불쾌하게 하는 것에 대한 본원적인 혐오를 부여하였다. 자연은 인간에게 이웃 형제로부터의 호의적인 고려에 기쁨을 느끼고 비호의적인 고려에 대해 고통을 느끼도록 가르쳤다. 자연은 이웃 형제들의 시인을 그것 자체로서 가장 의기양양하고 가장 쾌적한 것으로, 그들의 부인을 가장 괴롭고 분노케 하는 것으로 만들었다.

그러나 이웃 형제들의 시인에 대한 인간의 욕구와 부인에 대한 그의 혐오만으로는 그를 이 사회에 적합하게 하기에는 충분하지 않다. 따라서 인간은 이웃 형제로부터 인정받고 싶다는 욕구뿐만이 아니라 인정을 받아 마땅한 존재가 되고 싶다는 욕구를, 다시 말하면 다른 사람들 속에서 그 자신이 스스로 인정할 그런 존재가 되고 싶다는 욕구를 자연으로부터 부여받았다.……잘 수양된 인격을 가진 모든 사람들에 대하여 이 두 번째의 욕구가 양자 중에서 더 강한 것으로 생각된다(Smith, 216).

우리 자신의 감정의 적정성에 대해서, 우리 자신의 감정의 정확성에 대해서 우리가 확신하지 못하면 못할수록 타인들의 감정과 판단이 우리의 이것들과 일치하느냐 일치하지 않느냐가 그만큼 더 우리에게 중요하다는 사실에 주목할 필요가 있다(Smith, 227).

전지한 창조주(Author of Nature)는 이러한 방식으로 사람에게 그의 형제들의 감정과 판단을 존중하도록 가르쳤다. 그의 형제들이 그의 행동을 시인해줄 때는 크건 작건 간에 기쁨을 느끼도록, 그리고 그들이 부인할 때는 크건 작건 간에 마음의 상처를 받도록 가르쳤다.…사람이 이렇게 하여 인류의 즉석 재판관이 되었지만 이는 제1심에 있어서만 그러한 것이고, 그 판결에 대해서는 훨씬 높은 법정에, 자신의 양심의 법정에, 또는 사정에 정통한 가상의 공정한 관찰자(supposed impartial and well-informed spectator)의 법정에, 자기 행위의 위대한 재판관이고 조정자인 가슴 속의 인간(man within the breast)의 법정에 상소할 수 있다(Smith, 235).

우리가 타인들의 행복에 영향을 미치는 일을 할 때마다 우리의 가장 몰염치한 열정을 깜짝 놀라게 하는 큰 목소리로 우리에게 다음과 같이 소리치는 것은 바로 이 사람[가슴속의 인간]이다. 즉, 우리는 대중 속의 한 사람에 불과하고, 어떠한 점에 있어서도 그 속의 어떠한 타인보다 나을 것이 없으며, 우리가 그렇게 무치無恥하고 맹목적으로 우리 자신을 타인들에 우선시킨다면 우리는 분개와 혐오와 저주의 정당한 대상이 될 것이라고. 우리가 자신들 및 자신들에 관련하는 모든 것이 실제로 사소하다는 사실을 배우는 것은 오직 이 중립적 관찰자로부터이고, 이 중립적인 관찰자의 눈에 의해서만 자기애가 빠지기 쉬운 잘못된 생각을 정정할 수 있다. 관용의 적정성과 부정의 추악성, 우리 자신의 그것을 포기하는 것의 적정성과 우리 자신의 최대의 이익을 얻기 위하여 타인에 대하여 최소의 해악을 주는 것의 추악성을 우리에게 보여주는 것은 바로 그 공평무사한 중립적 관찰자이다.……타인들의 행복 또는 불행이 어떤 점에서는 우리의 행동에 의존하고 있는 경우, 우리는 자기애가 우리에게 그렇게 하도록 시사하듯이, 우리 자신의 작은 이해관계를 우리 이웃사람의 더욱 큰 이해보다 우선시키는 일은 감히 하지 못한다.……그리고 이와 같은 감정은 특별히 큰 도량과 덕성을 가진 사람들에 한정되는 이야기는 아니다. 이러한 감정은 어느 정도 선량한 병사들의 마음속에는 대부분 깊이 자리잡고 있는 것이다(Smith, 246-247).

아담 퍼거슨의 『시민사회의 역사』와 『도덕 및 정치학의 제원리』역시 인간의 사회성을 강변하고 있다. 몇 부분만을 인용하면 다음과 같다.

"인간은 사회에서 태어나서 사회에서 머무른다"고 몽테스키외는 말하고 있다.……슬픔과 우울은 고독과 연관되어 있으며 기쁨과 쾌락은 다른 사람들과의 결합과 연관되어 있다.……우리는 이 입장을 확인하기 위해 멀리서 관찰할 필요는 없다. 즉, 혼자 있을 때 유아들은 울부짖고 노인들은 무기력해지나, 다른 사람들과 같이 있을 때 유아는 생생한 기쁨을 표하고 노인들은 유쾌해진다는 사실은 우리 본성의 구조 속에 그것[사회적 성향]의 확고한 토대가 있다는 충분한 증거이다.……사회를 형성하는 것과 같은 중요한 일은, 우리의 판단으로는, 인류가 상업과 상호부조로부터 얻게 되는 이익에 대한 깊은 반성으로부터 발생해서 수행되는 것이 틀림없다고 생각할 수 있다. 그러나 동물의 무리와 합해지려는 성향도, 그와 같은 조건에서 얻을 수 있는 일련의 혜택도 인간이 서로 연합하려는 모든 원리들을 다 보여준 것은 아니다. 그와 같은 유대는, 그들이 일정 기간동안 훌륭한 생애를 산 이후에, 친구나 종족에게 결합하려는 열렬함에 비교해볼 때는 연약한 직물에 불과하다(『시민사회의 역사』, 17).

인간의 마음은 동료에게 일어나는 일에 대해 동료애를 느끼는바, 그 감정은 보통의 언어로 인간애(humanity)로 불리며 인류의 한 가지 특징으로 간주될 정도로 인간 본성의 일부이다. 이러한 성향의 영향 하에서 이방인이라 해도 호감의 대상이며 존중의 근거가 된다.……인간이 그에 바탕을 두고 마음의 흡족함이나 분개, 존경심과 경멸감과 같은 극단적인 감정들을 경험하는 옳음과 그름, 미덕과 악덕의 중요한 구분은 사회적 성향 (social disposition)의 지시에 따라 형성된다. 그 사회적 성향은 인류에게 선이 되는 것은 호의와 사랑으로 수용하며, 인류에게 나쁜 것은 부인과 혐오의 감정으로 거부한다(『도덕 및 정치학의 제원리』, 88).

지금까지 살펴본 것처럼 의심의 여지없이 자유주의자들로 분류되는 로크, 흄, 스미스, 퍼거슨 등은 인간의 사회적 성격을 당연한 진실로 받아들이고 있었다. 그들이 사유재산을 포함한 사익의 합리적인 추구를 정당한 인간의 행위동기로 인정했다고 하는 사실이 그들이 인간을 본질적으로 이기적인 존재로만 생각했다는 증거가 될 수는 없다. 그들은 인간이 이타적이고 사회적인 본능을 지니고 있다고 생각했기 때문에 개인들이 비록 사익을 극대화하려고 노력한다고 할지라도 그 결과는 사회 전체에 유익할 것이라고 확신할 수 있었다. 사익의 합리적인 추구는 은밀한 도덕감정의 작용을 통해 적절히 통제되어 사회 전체의 선을 증진시키는 데에 이바지할 수 있다는 것이다. 따라서 고전적 자유주의자들의 경제적 자유주의에 대한 옹호는 인간의 이기심과 소유 집착적 성격의 자유로운 표출만이 사회 전체에 혜택을 가져다줄 수 있다는 주장이 아니라, 자율적인 도덕적 통제능력을 갖춘 개인들이 자유롭게 사익을 추구할 경우 전체 사회가 커다란 혜택을 얻을 수 있음에도 불구하고 오히려 국가의 통제가 그것을 방해하고 있다는 것을 비판코자 함이다. 그들이 공동체로부터 분리되고 독립된 존재로서 인간을 묘사하고, 인간의 가장 강력한 자연적인 행위 동기가 자기 보존과 사익 추구라고 강변한 것은, 사실상 인간이 공동체 혹은 사회 없이도 살 수 있는 존재라거나 인간이 이타적이며 사회적인 성격을 결여하고 있다는 것을 주장하기 위한 것이 아니다. 그와 같은 설명방식은 인간의 본성 속에 내재하는 사회적 본능을 무시하고 사회 혹은 국가가 인위적으로 이 도덕감정의 역할을 대신하고자 할 때 개인과 사회 전체가 불이익을 당한다는 것에 대한 강력한 정치적·도덕적 비판의 전략인 것이다. 비록 로크가 사회계약을 이행하는 국가권력의 필요성을 강조했을지라도 그것은 계약을 이행하는 개인들의 자발적 신뢰성을 전제하고 있었다. 그리고 합리적인 사익의 자유로운 추구가 사회 전반에 걸쳐 복지를 극대화할 것이라는 스미스의 주장은, 공익을 위해 사익의 추구를 절제하며 사회의 비참한 자들을 자발적으로 돕는 개인들의 자애의 감정―감정이입 혹은 동정적 판단에 따라 작용하는―의 보편적 관철을 전제로 한 것이라 할 수 있다. 국가의 인위적인 간섭은 신뢰의 문화와 도덕감정의 발현을 위축시킬 뿐만 아니라 자유롭고 합리적인 사익의 추구에 의해 산출될 수 있는 사회적 부의 총량을 감소시키는 이중적 손실을 가져다줄 뿐이기 때문에 최소화되어야만 한다는 것이다.

3. 공익에 대한 사익의 우선성

　이 장에서는 고전적 자유주의자들이 사익의 일방적인 추구만을 정당화했지, 공익과 공동선의 증진에는 무관심했다는 지적이 부당한 비판임을 주장하고자 한다.

　고전적 자유주의자들이 결코 공동선 혹은 공익을 무시하지 않았다는 문헌상의 증거들은 풍부하게 있다. 설령 그들이 공익 혹은 공동선을 강조하기보다는 사익의 중요성을 강조했다 하더라도 그것은 그들이 공동선의 중요성을 부인했기 때문이라기보다는 공동선의 추구라는 명목 하에 행해진 개인의 권익에 대한 부당한 횡포에 대한 전략적 대처로 이해하는 것이 합당하다. 그들이 공익을 결코 무시하거나 폄하하지 않았다는 증거를 제시하기 전에 로젠블룸의 다음과 같은 지적을 귀담아 들을 필요가 있다.

　　자유주의 이론가들은 때때로 개인을 추상적으로 표현하지만, 그들이 그러한 묘사를, 일반적인 인간 본성은 말할 것도 없이, 실제적인 남녀를 온전히 묘사하려는 의도에서 그런 경우는 드물다. 그들의 이유는 정치적이다. 자리自利란 관념이 이타주의

혹은 공공정신을 부정하거나 평가절하하려고 고안된 것은 아니
다. 그것은 정치적인 개념으로 종교적 열광이나 군사적 영광과
같은 더욱 파괴적이고 잠재적으로 더 이기적인 힘을 상쇄하기
위해 채택된 개념이다. 자리는 존경과 온정주의에 마주서 있다
(Rosenblum 1987, 161).

먼저 로크의 경우, 사회계약을 통한 정치사회의 구성과 재산권
에 대한 강조는 그가 부르주아 개인주의 정치를 정당화한 근거로
제시되고 있다. 사회계약적 방식으로 정치사회의 구성과 목적을
이해할 경우 정치질서와 통치는 개인의 '생명, 자유, 재산' 을 보
호하기 위한 목적을 갖는 것으로 이해된다. 사회계약적 설명방식
은 그와 같은 목적이 정치질서의 중요한 '한 가지' 목적이라는 의
미로서가 아니라, 전적으로 그와 같은 목적만을 위해 구성된 것처
럼 간주하는 것으로 해석·비판되어 왔다. 그 때문에 공동체주의
자들은 자유주의자들이 정치질서를 순전히 사적인 이익을 추구하
기 위해 모여든 '상업공화국' 내지는 '이방인들의 집합체' 로서
규정하면서 그 질서에 이차적이고도 수단적인 지위만을 부여해왔
다고 여겼다. 그러나 로크의 저술을 검토해보면, 로크가 개인의
'생명, 자유, 재산' 에 대한 보호를 정치질서의 유일한 목적으로
생각했다는 해석의 타당성에 의문이 생긴다. 『정부론 2편』만을 살
펴보더라도 로크가 정치질서의 중요한 유일한 목적을 사적인 '생
명, 자유, 재산' 에 두었다고 보기 어려운 증거들이 있음을 알 수
있다. 물론, 이러한 문헌상의 증거들과는 별도로, 이미 1장에서 언

급했듯이, 로크가 정치질서의 목적이 개인의 '생명, 자유, 재산'의 보호에 있다는 주장은 맥락적으로 그리고 정치적으로 해석할 필요가 있음을 상기해야 한다. 로크가 개인의 사적인 권익의 보호를 정치질서의 유일한 목적인 것처럼 설명한 것은, 공동선으로 위장된 일부집단의 군사적 · 종교적 욕망에 의해 개인들의 생명과 자유와 재산이 유린되었던 상황에 대한 정치적 대응이었던 것이다. 따라서 그와 같은 주장을 액면 그대로 받아들이는 것은 로크가 자신의 저작을 통해 효과적으로 변화시키고자 했던 구체적인 역사적 상황을 무시한 것이다. 아래에서 제시될 문언들은 로크가 정치질서의 중요한 유일한 목적을 개인의 '생명, 자유, 재산'의 보호에만 두지 않았다는 증거이다. 더구나, 아래에서 제시된 문언들은 로크를 위시한 고전적 자유주의자들이 공동선 혹은 공익의 중요성을 무시하고 개인의 사익보호에만 관심을 가졌다는 비판에 대한 반박으로서, '인류의 보존preservation of mankind' 및 공익 혹은 공동선의 추구가 정치질서의 또 다른 중요한 목적임을 로크가 분명히 인정했다는 것을 보여준다.

정치권력이 공공의 복지 혹은 공익Publick Good을 위하여 행사되어야 한다는 주장은 『정부론 2편』의 1장에서부터 마지막 장에 이르기까지 분명히 거듭해서 제시되고 있다. 그는 정치권력의 목적을 다음과 같이 밝히고 있다.

그러므로 나는 정치권력을 재산을 규제하고 보호할 목적으로 죽음 및 그 이하의 형벌들을 부과하는 법률을 제정하는 권리로

서, 그리고 그와 같은 법을 집행하고 외부의 침략으로부터 공영
체를 보호하기 위해 공동체의 힘을 사용할 수 있는 권리로서,
그리고 이 모든 것을 오직 공익Pulick Good을 위해서만 사용할
수 있는 권리라고 생각한다(Locke 1988, 268).

그리고 2장에서는 자연상태에서의 인간의 자연법적 의무로서
타인의 권리를 침해하거나 서로 해를 가하지 않도록 할 의무와
'평화와 인류를 보존'할 의무에 관해 논하면서, 자연상태에서는
이 의무에 대한 이행을 서로 준수토록 함에 있어 편파성과 불편함
이 따르기 때문에 정치사회를 결성하게 되었다고 그 경위를 설명
하고 있다. 그러므로, 정치질서의 목적이 분명히 평화와 모든 인
류의 보존을 포함하고 있다는 것을 밝히고 있다(Locke 1988, 274-
278). 로크는 "자연법을 준수해야 할 의무는 정치사회를 결성한
후에도 결코 소멸되는 것이 아니라" "오히려 더 많은 경우에 있어
성문화되어지며" "형벌이 가해짐으로써 준수되도록 강제되는
것"을 강조하고 있으며, 동시에 "자연법의 기초는 인류의 보존에
있으므로 인간이 만든 어떤 법도 이 기초적 자연법을 어길 경우에
는 어떤 정당성이나 효력을 가질 수 없다"는 것을 재천명하고 있
다(Locke 1988, 356-357). 5장에서 재산권을 논하는 과정에서 신이
인류에게 공동으로 부여하신 공유물을 개인이 자신의 재산으로
전유하는 과정에 관한 설명을 통해 누누이 강조하고 있는 조건
들—즉, "다른 사람들에게 충분히 많은 양이 남겨져 있는 경우에
는", "타인들이 충분히 이용할 수 있는 정도의 양을 남겨놓기만

한다면", "상해서 [타인들이] 사용할 수 없게 되기 전에 [타인들이] 생활에 도움이 될 수 있도록 사용될 수 있는 한에서는", "누구에게도 해를 끼치지 않고", "자기가 이용할 수 있는 것만큼", "적어도 자신의 손에서 헛되이 썩어버리지 않는 한" 등과 같은 단서들(Locke 1988, 288, 29-291, 293, 300)—은 타인에게 해를 끼치지 말아야 할 의무와 모든 인류를 보존할 의무의 수행을 인도할 원리들이라고 할 수 있다. 비록 썩지 않는 화폐의 도입이 '부패한계'를 극복할 수 있게 하여 무한 축적을 가능할 수 있게 했지만, 이와 같은 소유의 한계를 규정하는 단서들은 로크가 사익에 못지않게 인류 전체 혹은 공동체 전체의 복지에도 관심을 가졌다는 분명한 증거가 될 수 있다.

그리고 로크가 정치권력의 목적을 개인의 '생명, 자유, 재산'의 보호에서뿐만 아니라 '공익(Publick Good)' 혹은 '법의 지배 아래 있는 사람들의 일반적인 선(General Good)'의 실현에서도 찾고 있다는 증거는 『정부론 2편』의 1장부터 마지막 장에 이르기까지 반복적으로 나타나고 있으며(Locke 1988, 305, 325, 342, 353, 356, 360, 363, 364-366, 371-381, 399-400, 424), 『관용론』에서도 법제정의 목적이 공익 혹은 공동선의 증진에 있음을 분명히 밝히고 있다(Locke 1991, 33). 물론, 로크는 공익의 내용이 무엇인지에 관해서는 구체적으로 언급한 바가 없다. 하지만, 그가 분명히 생명과 재산의 안전이라고 하는 보호적 기능과 나란히(and) 공익, 공공의 복지, 사회의 선, 사회 전체의 선을 덧붙이고 있기 때문에 로크가 정부의 기능을 단순히 사익의 보호라는 차원에서만 이해하고 있다고 보기는 어렵다. 아마 로크는 당시의 영국 정부가 개인들의 생명과 재산을 보호하는 기능 외에 사회 전체의 이익 혹은 일반적 복지의 증진을 위해 추구했던 많은 사업들을 정당한 정치권력의 행사로서 인정했을 것이다. 단지 그는 공공선의 이름으로 개인의 정당한 권익을 해쳐온 전통적인 정치권력의 부당성에 전략적으로 대처하기 위해 사익의 보호를 공익의 창출과 함께 정치권력의 본질적 임무로 부각시켰다고 할 수 있다(Holmes 1993, 198-200).

로크보다 더 자유지상주의적 관점을 지녔던 맨더빌(Bernard de Mandeville)마저도 개인의 자유로운 상업적 이익추구와 개인적인 악덕이 사람들 사이에 공적인 미덕을 창출하는 효과가 있다고 주장함으로써, 사익과 공익의 관계를 그렇게 극단적인 이분법적 관점에서 보지 않았다(Kerkhof 1995; Huyler 1997, 3). 이와 같은 관점은 개인의 합리적인 사익의 추구가 자유롭게 된다면 사회 전체에 걸쳐 일반적인 복지를 가져올 것이라는 스미스의 주장과 일맥상통하는 것으로(Kerkhof 1995), 일반적으로 자유방임주의자들로 분류되는 고전적 자유주의자들 역시 공익의 문제를 결코 무시하거나 과소평가하지 않았던 것이다. 예컨대, 스미스는 『국부론』의 4편 2장에서 다음과 같이 진술하고 있다.

모든 개인은 그가 지배할 수 있는 어떠한 자본에 대해서도 가장 유리한 용도를 찾아내려고 부단히 노력하고 있다. 실은 그의 안중에 있는 것은 자기 자신의 이익이지 사회의 이익은 아니다. 그러나 자신의 이익에 관해 연구해가면 자연히 아니 오히려 필연적으로 그로 하여금 그 사회에도 가장 유리한 용도를 택하게 되는 것이다.……국내의 상업에 사용되는 자본은 소비품의 외국무역에 사용되는 등액等額의 자본보다도 필연적으로 다량의 국내산업을 활동시키고 그 나라의 더욱 더 많은 수의 국민에게 수입과 일터를 준다. 그리고 소비품의 외국무역에 사용되는 자본은 운송업에 사용되는 등액의 자본에 비하면 동일한 이익을 갖는다. 그러므로 이윤이 등액 또는 거의 등액일 경우에는 모든 개인은 자연히 국내산업에 대하여 최대의 지지를 제공하고 자기 자신의 나라의 최대 다수의 인민에게 수입과 일터를 줄 수 있는 그러한 방법으로 자기의 자본을 사용하고 싶어 한다.…… 모든 개인은 자기의 자본을 국내산업의 유지에 사용할 것과 …… 필연적으로 그 사회의 年年의 수입을 될 수 있는 대로 크게 하려고 힘을 다한다. 사실 대체로 그는 공공의 이익(public interest)을 촉진할 것을 의도하고 있지도 않으며, 그가 그 공공의 이익을 얼마나 촉진하고 있는가를 알고 있지도 않다. 외국산업의 유지보다도 국내산업의 그것을 택함으로써 그는 자기 자신의 안전만을 의도하고 그 생산물이 최대의 가치를 가질 수 있는 방법으로 그 산업을 지향시킴으로써 그는 자기 자신의 이익만을 의도하고 있는 것이다. 그리고 그는 이런 경우에는 많은 다른 경우와 마찬가지로 보이지 않는 손에 의하여 인도되어 자기가 전혀 의도하지 않았던 목적을 촉진하게 된다. 그가 그 목적을 전혀 의도해보지 않았다고 해서 반드시 그 사회를 위해서 더 나쁘다고는 할 수 없다. 그는 자기 자신의 이익을 추구함으로써 흔히 그가 실제로 그것을 촉진할 것을 의도할 때보다 오히려 더 효과적으로 사회의 이익을 촉진시킨다. 나는 공공의 행복(public good)을 위하여 상업을 하고 있는 척하는 사람들이 그 행복을 크게 촉진시켰다는 것을 들어본 적이 없다(Smith, 445-7).

이리하여 개인의 사적인 이해관계와 정념은 자연히 그들을 움직여서 통상의 경우 그 사회에 가장 유리한 용도에 그들의 자재를 돌리고 싶어지게 한다는 것이다.……그러므로 법률의 간섭이 전혀 없더라도 사적인 이해관계와 정념에 이끌려서 사람들은 모든 사회의 자재를 온사회의 이익에 가장 일치하는 비율에 될 수 있는 대로 가깝게 그 사회에 행해지고 있는 온갖 직업 사이에 분할하고 분배하게 된다(Smith 2권 138, 강조 표시는 필자에 의한 것임).

이처럼 스미스는 사익의 증진을 사회협력의 유일한 목적으로서 간주했다기보다는, 자유로운 사익 추구 행위가 반드시 충족시켜야 할 조건으로서의 공익 증진을 사회협력의 또 다른 목적으로 삼고 있었다. 이와 같은 스미스의 입장은 중상주의적 자본주의에 대한 비판의 일부로서 전개된 것으로, 공익은 국가의 차별적인 개입이 아닌 사익의 자유로운 추구에 의해 매개된다는 것을 부각시키고자 한 것이었다(Cropsey 1981, 618).

퍼거슨 역시 『시민사회의 역사』에서 공익(public interest)이 개인들의 의도적인 공익 추구 노력에 의해서보다는 사익 추구의 결과로써 얻어진다는 것을 인정함으로써 스미스와 동일한 주장을 펴고 있다(Ferguson 1978, 128). 그에 의하면, 정당들 사이의 경쟁의 와중에서 공중의 이익들, 그리고 심지어 정의와 공평무사의 원리들이 망각되는데, 그러한 원리들이 망각됨으로써 치명적인 결과가 초래된다고 한다(Ferguson 1978, 128). 그는 인간이 가장 행복할 때는 공동체에 귀속되어 있으면서 공동체의 선에 기여할 때라고 주장하기조차 한다. 그는 다음과 같이 진술하고 있다.

그렇지만 사회의 이익과 그 구성원의 이익은 쉽게 조화될 수 있다. 개인이 만일 공중公衆을 최선으로 배려하게 되면, 배려를 하는 중에 그는 그의 본성이 누릴 수 있는 가장 큰 행복을 얻게 된다. 그리고 공중이 그 구성원들에게 줄 수 있는 가장 큰 축복은 그들로 하여금 그 공중에 계속 속해 있도록 하는 것이다. 그와 같은 국가는 가장 행복한 국가로서 신민臣民들로부터 많은 사랑을 받는다. 그리고 그 마음이 공동체와 결합되어 있는 개인들은 가장 행복한 사람들이다. 그 공동체 속에서 그들은 관대함과 열중의 모든 대상들을 찾으며, 모든 재능과 모든 덕스러운 성향을 발휘할 수 있는 배출구를 발견한다(Ferguson 1978, 58).

이와 같은 공화주의적 요소는 자유주의적 요소와 더불어 퍼거슨의 사회 · 정치사상의 핵심적 일부를 구성하고 있다(Kalyvas & Katznelson 1998).

흄 역시 정치학이 과학이 될 수 있는가에 관한 에세이에서 공공정신(public spirit)과 공동체에 대한 존경이 인간 본성의 가장 고상한 정념이라고 밝히고 있다.

그러므로 모든 자유로운 국가에서는, 자유가 보장되고, 공공선(public good)이 고려되며, 특별한 개인들의 탐욕과 야망이 제약되고 처벌되는 형식들과 제도들을, 최대의 열의를 가지고 유지해야 할 충분한 이유가 있다. 그와 같은 고상한 열정[공공정신]에 따르는 것 이상으로 더 인간 본성에 명예스러운 것은 없다. 마찬가지로 그와 같은 공공정신이 없는 사람보다도 더 마음의 비천함을 잘 가리켜주는 것은 없다. 우정과 공적을 존중함이 없이 자기 자신만을 사랑하는 사람은 가장 혹독한 비난을 받아야만 한다. 공공정신 혹은 공동체에 대한 존경이 없이 우정에만 따를 뿐인 사람은 미덕의 가장 중요한 부분에 결함이 있는 사람이다(Hume 1987, 26-27).

그는 이어서 당시의 분할된 영국 정당의 모습을 비판하는 가운데 다음과 같이 주장하고 있다.

나로서는 항상 열의보다는 중용(moderation)을 증진하고 싶다. 비록, 모든 정당들에 있어 중용을 산출하는 가장 확실한 방법이 아마도 공적인 것(the public)에 대한 열의를 증진하는 것이긴 하지만 말이다. 그러므로 현재 우리나라를 나누고 있는 정당들에 관련하여, 가능한 한 앞의 학설로부터 중용의 교훈을 도출하도록 해보자. 동시에, 이 중용이 개인들의 근면과 열정을 약화시켜 사회의 선(the good of his society)을 추구하려는 마음을 약화시키지 않도록 하자(Hume 1978, 27).

흄은 이 에세이의 마지막 부분에서 중용의 미덕을 주장한 자신의 입장이 결코 공사公事에 대한 관심과 염려를 줄이라는 뜻이 아님을 다시 강조하고 있다(Hume 1978, 30).

공공정신과 공동체에 대한 존중의 메시지를 담고 있는 흄의 정치적 저술들은 18세기 초 앤 여왕(Queen Anne) 사후 왕위계승 문제와 17세기 이래 계속된 토리당과 휘그당의 분열과 대립을 중심으로 한 국내정치에 대한 비판적 분석 및 프랑스의 패권주의와 오스트리아 왕위계승전쟁(1740~1745) 그리고 7년 전쟁(1756~63)이란 유럽대륙의 국제정세에 대한 대응의 일환으로 써어진 것이다(Haakonssen 1994, xi-xvii). 흄의 관점에서 볼 때, 유럽 국가들의 국운은 점점 더 무역에 의존해갔기 때문에 전쟁과 국부(national wealth) 그리고 제국에 관한 이해 역시 바로 이와 같은 맥락에서 재고될 필요가 있었던 것이다. 그리고 이 점은 흄의 저술뿐만 아니라 앞에서 살펴본 스미스나 퍼거슨의 저술에도 동일하게 적용된다. 특히 18세기 초의 스코틀랜드는 1707년 잉글랜드와의 통합 이후 상업을 통해 부를 쌓았던 부유한 잉글랜드와의 부의 불평등 문제와 관련하여 열면 토론에 휩싸여 있었다. 잉글랜드가 상업을 통해 부를 쌓은 반면 농업에 의존했던 스코틀랜드는 1690년대 이후 빈곤에 시달리고 있었기 때문에, 스코틀랜드의 지식인들은 상업사회 그 자체의 장점에 관하여 많은 토론을 나누고 있었다. 상업, 사치 그리고 도덕적 타락을 한편으로 하고, 토지소유와 공동선에 대한 관심 및 애국심을 다른 한편으로 하여, 그 연관성을 해명하려는 新공화주의적 노력들이 당시의 스코틀랜드 지식인들 사이에 광범위하게 퍼져 있었다(Haakonssen 1994, xv). 이 글에서 거론된 스코틀랜드의 자유주의자들은 대부분이 국가의 간섭을 받지 않는 상업의 자유가 가져다 줄 수 있는 국부의 극대화와 공화주의적 공공정신 혹은 애국심이 조화되는 질서를 가장 이상적으로 생각했다. 자유로운 사익의 추구와 공공이익의 증진은 인간의 본성 속에 내재되어 있는 도덕감정과 공동체에 대한 애착을 통해 자연스럽게 조화될 수 있다고 보았다.

4. 현대 공동체주의에 대한 맥락적 이해

이미 지적한 대로, 자유주의자들은 현대의 공동체주의자들이 자유주의를 非역사적·非정치적으로 이해함으로써 자유주의자들의 의도를 오해하는 한편 자유주의의 역사적 성과를 정당하게 평가하지 못했다고 주장하고 있다(Holmes 1993, 187; Rosenblum 1987, 161). 홈즈와 로젠블룸 같은 자유주의자들은 원자화된 개인의 이미지와 사회계약적 정치이론 등 공동체주의자들의 비판 대상이 되어온 자유주의적 방법론과 정치적 존재론 등은 특수한 역사적 상황에서 자유주의자들이 추구하는 목적을 성취하기 위한 정치적 전략으로서 이해해야 한다고 본다. 현대의 공동체주의자들은 이와 같은 자유주의자들의 정치적 의도를 이해하지 못함으로써 자유주의를 부당하게 비판해왔다고 역비판하고 있는 것이다. 필자는 홈즈와 로젠블룸의 해석방식이 1960년대 말과 1970년대 초에 구체화된 수정주의자들의 맥락주의적 해석방식을 따른 것으로 보며, 기본적으로 이들의 자유주의 해석의 타당성을 받아들인다. 하지만 필자는 그들의 맥락주의적 정치사상사 방법론의 적용에 따른 자유주의의 역사적 해석에는 공감하지만 그들의 공동체주의에 대한 비판은 그릇되었다고 생각한다. 왜냐하면, 그들은 현대의 공동체주의자들이 자유주의를 구체적인 역사적 맥락에서 이해하지 못함으로써 자유주의를 잘못 비판하고 있다고 주장하면서도, 그들은 공동체주의의 대두와 의의를 非역사적으로 이해 · 비판하고 있기 때문이다. 다시 말해, 그들은 맥락주의적 정치사상사 방법론을 온전하게 적용하지 못하고 편의에 따라 선택적으로 적용하고 있다. 필자는 현대의 공동체주의 역시 역사적 · 맥락적으로 이해할 것을 제안한다. 공동체주의를 그런 방식으로 이해하게 되면 자유주의와 공동체주의는 양립불가능한 관계가 아니라 오히려 상보적인 관계에 있음이 분명해진다.

　오늘날 자유주의 철학에 대한 공동체주의자들의 비판은 자유주의 사회의 근본 문제들에 대한 비판을 전제하고 있다. 이미 1장에서 지적한 대로, 오늘날 현대사회에 그늘을 드리우고 있는 문제들—도덕적 타락과 공동체 상실감, 고독, 불안, 소외, 권위의 쇠퇴, 범죄의 만연 등—은 이런 문제들의 배경을 형성하고 있는 가장 지배적인 문화로서의 자유주의와 전혀 무관하다고만은 말할 수 없다. 만일 자유주의가 오늘날의 중요한 사회문제들에 대해 전혀 책임이 없다고 주장하는 반면, 물질적 풍요나 개인의 존엄성과 같은 긍정적 가치를 실현시킨 공로만을 내세운다면, 자유주의는 하나의 문화로서의 지위를 스스로 부인하는 것이라고 할 수 있다. 왜냐하면, 문화는 한 사회의 총체적 현실에서 긍정적인 요소만을 의미하는 것이 아니라, 긍정적 요소와 아울러 부정적인 요소까지도 망라하는 하나의 총체이기 때문이다. 예컨대, 자율과 독립의 문화는 의존의 문화와 양립불가능하고, 그 결과 상호의존의 문화가 줄 수 있는 강력한 귀속의식의 부족을 문화의 내재적인 한계로서 지니고 있는 것이다. 자유주의 문화가 개인의 자율과 독립성을 장려하면서 동시에 순종과 상호의존의 미덕을 동시에 장려하기는 불가능한 것이다. 그러므로 자유주의가 현대사회의 긍정적 측면들에 대한 기여를 주장하고자 한다면 현대사회의 부정적인 측면들에 대해서도 어느 정도는 책임을 지지 않을 수 없다. 한 사회의 긍정적인 측면에 대한 공로와 칭송이 가장 지배적인 문화에 주어지듯이 그 부정적인 측면에 대한 책임과 비난도 역시 가장 지배적인 문화에 주어지는 것이 당연하기 때문이다. 필자는 자유주의에 대한 현대 공동체주의자들의 비판을 이와 같은 현대사회의 부정적 요소들의 극복이란 관점에서 역사적 · 맥락적으로 이해해야 한다고 생각한다. 그 경우, 공동체주의의 의의는 자유주의의 역사적 성취물인 개인적 자유와 권리의 가치를 일방적으로 부정함에 있는 것이 아니고, 그 가치들을 지나치게 절대시한 결과 발생할 수 있는 부정적인 영향을 상쇄시키는 효과에 있다고 할 수 있다. 즉, 개인의 자유와 권리에 대해 공동체의 우선성을 강조하는 공동체주의자들의 입장은 개인의 자유와 권리 자체가 무가치하거나 부정적인 잠재성만을 갖는다는 것이 아니라, 자유와 권리라는 가치는 그 가치들을 산출한 특정한 의미 공동체 내에서만 이해될 수 있고, 그 공동체 내에서만 특정한 기능을 수행할 수 있다는 것을 강조한 것이다. 또한 사익과 프라이버시에 대해 공동선을 옹호하는 것은 공동체주의자들이 사익과 프라이버시의 가치를 인정하지 않아서라기보다는, 사익과 프라이버시에 대한 자유주의자들의 일방적 강조가 궁극적으로 그 가치들의 원천인 공동체에 부정적인 영향을 미치는 것을 막기 위한 것이다. 요컨대, 자유주의에 대한 공동체주의적 비판이 갖는 의의는 개인의 자유와 권리의 과잉이 빚어낸 오늘날의 문제 상황에 대한 정치적 대응으로서이지 공동체주의자들이 위계적이며 反자율적인 권위주의 질서를 옹호해서가 아닌 것이다. 그러므로 공동체주의자들이 자유란 가치를 순전히 부정적으로만 인식했다기보다는, 그 가치의 공동체적 토대를 조명함으로써 그 의미를 조금 더 공동체 지향적으로 변형시키고자 한 것으로 해석할 수 있다면, 공동체주의를 자유주의 정치의 협소성에 대한 보완 혹은 교정책으로서 이해하는 것도 가능하다.

대부분의 현대 공동체주의자들은 현대사회의 도덕적 다원주의와 아울러 자율성이란 자유주의적 가치를 수용하는 경향을 보이고 있다.[22] 왈저, 테일러, 에찌오니, 갈스톤, 마쎄도, 스프라겐즈(T. H. Spragens, Jr.)와 같은 공동체주의적 자유주의자들 혹은 자유주의적 공동체주의자들은 대부분 중요한 자유주의 가치와 제도들을 적극적으로 수용하고 있다. 단지 이들은 그 가치들과 제도들의 공동체적 기원과 공동체 의존성을 부각시킴으로써 자유주의를 공동

---

22 일부 비타협적인 공동체주의자들이 개인적 자유와 권리를 부정적으로만 보려고 하는 경향이 있음은 사실이다. 사실 현대의 대표적인 공동체주의자들인 매킨타이어와 샌들 역시 그런 경향이 있다. 그러나 이 역시 자유와 권리 및 그를 통해 표현되는 주관적 선호의 만족이 사회의 주된 기능으로 인식되고 있는 현대사회의 통념에 대한 정치적 대응으로 이해하는 것이 타당하리라 생각된다. 이는 마치 자유와 권리의 가치를 안전하게 실현하기 위해 정치질서가 존재하는 것으로 설명하는 노직의 자유지상주의적 논리를 복지국가의 억압성에 대한 정치적 대응으로 이해할 수 있는 것과 마찬가지이다.

체주의적으로 정당화하고 있을 뿐이다. 그러므로 비교적 가장 완고한 공동체주의자들로 분류되는 매킨타이어와 샌들의 경우에도 도덕적 다원주의와 자유주의 정치를 수용하는 경향을 보이고 있다면, 현대의 공동체주의가 결코 反자유주의적이라고 단정할 수 없는 중요한 근거를 갖게 된다고 할 수 있다.

1980년대 초이래 자유주의적 인간을 '무연고적 자아unencumbered self'로, 현대의 미국사회를 '절차적 공화국procedural republic'으로 규정, 비판해온 샌들은 『민주주의의 불만』(1996)에서 다원주의를 적극적으로 수용하는 한편 자유주의가 중요한 통찰을 담고 있다는 것을 긍정하고 있다.

> 루소의 통합적 이상과 달리, 토크빌이 묘사한 공화주의 정치는 합의적(consensual)이라기보다는 요란스럽다(clamorous). 공화주의 정치는 분화(differentiation)를 경멸하지 않는다. 공화주의 정치는 사람들 사이의 공간을 붕괴시켜 버리는 대신에, 이 공간을 공적인 제도들로 채움으로써 사람들이 여러 가지 자격으로 모일 수 있도록 하며, 그들을 분리시키기도 하고 결합시키기도 한다.……그러므로 공민公民적 자유(civic strand of freedom)는 반드시 배제적이거나 강제적이지 않다. 그런 한에서 공화주의 정치이론에 대한 자유주의의 반대는 잘못된 것이다. 그러나 자유주의자들의 우려는 무시해서는 안될 통찰을 담고 있다. 즉, 공화주의 정치는 위험스러운 정치, 보증되지 않은 정치이다. 공화주의 정치가 내포하고 있는 위험들은 [덕성의] 형성적 기획

(formative project)에 내재되어 있다. 정치공동체가 시민의 성품 형성에 관여토록 하는 것은, 나쁜 공동체가 나쁜 성품을 형성할 수 있는 가능성을 시인하는 것이다. 권력이 분산되고 공민형성의 장소가 다양하다고 하더라도 그것은 이 위험을 줄일 수 있을 지는 몰라도, 완전히 제거할 수는 없다. 이것이 바로 공화주의 정치에 대한 자유주의적 불평의 진리이다(Sandel 1996, 321).

사실 샌들은 자유주의적 가치들을 거부하고 있다기보다는 자유주의자들이 자유주의적 가치들을 정당화하는 방법이 잘못됐다고 비판하고 있는 것이다. 즉, 자유주의 이론은 관용, 공정한 절차 그리고 개인의 권리를 존중할 것을 강조하고 있는데, 이와 같은 가치들은 도덕적 상대주의를 견지하는 한 옹호될 수 없는 가치들이라는 것이다. 그 가치들은 최고의 인간선(人間善, human good)의 이름으로써만 옹호될 수 있기 때문에 자유주의 사회 역시 특정한 공동선을 전제로 해서만 옹호될 수 있다는 것이다.

관용, 자유 그리고 공정함 역시 가치들이기 때문에, 그 가치들은 어떤 가치도 정당화될 수 없다는 주장에 의해서는 정당화될 수가 없다. 그러므로 모든 가치들은 단지 주관적일 뿐이라고 주장함으로써 자유주의적 가치들을 긍정하는 것은 잘못이다. 자유주의에 대한 상대주의적 변호는 전혀 변호라고 할 수 없다 (Sandel 1996, 8).

매킨타이어 또한 "비판가들에 대한 부분적인 응답"(1994)에서 자신을 현대의 공동체주의자들과 분리시키며 국가 차원의 정치에 관련하여 자유주의적인 견해를 수용하고 있는 듯이 보인다. 현대의 공동체주의가 민족국가 자체를 하나의 공동체로서 통합하려는 낭만주의적 이상을 추구한다고 비판하면서, 매킨타이어는 그와 같은 낭만주의적 국가관은 여러 가지 이유로 소규모의 지역적 정치결사 형태를 취할 수밖에 없는 자신의 아리스토텔레스주의적 정치형태와는 공통점이 거의 없다고 주장한다(MacIntyre 1994, 302). 낭만주의적 공동체주의와 자신의 아리스토텔레스주의를 구분하면서 그는 국가 차원의 정치에 있어서는 오히려 자유주의자들의 견해가 일면의 타당성이 있음을 인정한다.

낭만주의적 이상을 아리스토텔레스적 정치관과 혼동하는 것은 실로 일부 독일 사상가들로 하여금 모든 것을 포괄하는(all-embracing) 공동체로서의 민족국가에 관한 견해를 구성하도록 이끌었다. 자유주의자들은 그와 같은 낭만주의적 국가관에 옳게 저항했는바, 자유주의자들은 그와 같은 낭만주의적 국가관은 전체주의적 해악 및 다른 해악들을 발생시킨다고 생각했던 것이다. 그렇지만 자유주의자들은 그러한 해악들이 인간선(人間善)에 관한 어떤 강력한 관념들에 대한 현실적인 합의를 구현하고 있는 모든 형태의 공동체들로부터 발생한다고 잘못 가정하고 있다. 그러나 나는 그와 대조적으로 그와 같은 악들이 근대국가의 특수한 성격에서 기인한다고 보는 바, 공동체의 구현

으로 가장된 근대의 민족국가는 항상 저지되어야 한다는 점에
서는 최소한 자유주의자들과 견해를 같이 한다.……어떻든 공
동체의 가치들을 구현하는 체하는 그러한 민족국가에 대한 자
유주의자들의 비판은, 민족국가는 공동체의 소재가 아니며 또
될 수도 없다고 보는 나와 같은 아리스토텔레스주의자들에게는
거의 해당되지 않는다(MacIntyre 1994, 302-3).

만일 민족국가 단위의 공동체주의가 불가능하고 또 바람직하지
도 않다면, 다양한 소규모 공동체들로 구성되어진 민족국가 차원
에서의 정치형태는 어떤 것일까? 매킨타이어가 비록 정의주의情
誼主義 문화에 터 잡은 자유주의 정치를 적극적으로 수용하고 있
다고 보기는 어렵지만, 국가 차원의 정치에 관한 한 다양한 공동
체 형태의 공존을 가능하게 하는 자유주의 정치형태를 용인하지
않기란 어려울 것이다(김비환 1998, 23-26).

이처럼 자유주의에 대해 가장 비판적인 자세를 견지해온 샌들
과 매킨타이어가 점차 도덕적 다원주의와 자유주의적 가치와 제
도들에 대한 비판적 태도를 완화시키고 있는 사실을 두고 볼 때,
공동체주의자들이 자유주의가 이뤄놓은 모든 중요한 성취들에 대
해 부정적으로만 평가하고 있는 것이 아님이 보다 분명해진다. 자
유주의가 헤게모니를 장악하고 있는 문화 속에서 자유주의의 부
정적인 영향을 최소화하기 위해서는 자유주의의 내재적 한계와
아울러 자유주의의 과잉이 초래할 수 있는 해악들을 비판·경계
하는 한편, 공동선, 책임, 의무 등의 대안적 가치들을 강조하는 것

외에 어떤 전략을 사용할 수 있겠는가? 현대의 자유주의자들과 공동체주의자들은 모두 '사회성 명제'를 수용하고 있다. 그리고 그들은 모두 다 보다 분권적이고 참여주의적이며, 관료주의의 결함이 완화된 정치질서를 선호하는 공통점을 지니고 있다. 그렇게 볼때, 자유주의와 공동체주의는 보다 나은 정치질서의 원리를 도출하기 위해 얼마든지 협력할 수 있는 여지를 가지고 있는 것이다.

5. 자유와 공동선의 대립적 이분법을 넘어서

고전적 자유주의 형성의 공동체적 토대와, 자유주의의 주요 가치와 제도들에 대한 현대 공동체주의자들의 완화된 비판 혹은 우호적인 수용의 태도를 두고 볼 때, 자유주의와 공동체주의가 화해 불가능할 정도의 대립관계에 있다고 생각하기란 어렵다. 이 마지막 장에서는 자유와 공동선의 상보적인 관계를 조명함으로써, 자유주의와 공동체주의가 바람직한 질서의 원리를 창출함에 있어 협력할 수 있는 근거를 보다 적극적으로 제시하고자 한다.

먼저, 개인의 자유는 가장 중요한 공동선이라 할 수 있는 자유주의 정치공동체를 유지함에 필수적인 요소임을 강조할 필요가 있다. 개인의 자유가 행사·실현될 때만이 개인들은 덕스러운 민주시민으로 형성될 수 있으며, 자유로운 존재로서의 자신의 정체성을 표현·실현할 수 있다. 그리고 덕스러운 적극적 민주시민의 자유행사를 통해서만 자유주의 정치질서는 권위주의적인 질서로 타락하지 않고 자유로운 질서로 유지될 수가 있다. 그러므로 던(J. Dunn)이 지적하듯이 공동체주의 없는 자유주의는 정치적으로나 문화적으로 자기 파괴적이며, 마찬가지로 자유주의 없는 공동체주의는 지나치게 억압적이고 권위주의적이 된다. 이처럼 개인의 자유와 자유주의적 공동체는 상호의존적 관계에 있다. 그리고 일단 이 상호의존성이 인정되면, 개인의 자유는 자유주의적 공동체를 지탱하는 또 다른 가치들—예컨대, 경제성장, 사회복지, 안보와 평화 등—의 하나이며, 또 그 가치들과 상호의존적인 관계에 있다는 것도 인정하지 않을 수 없게 된다. 그렇다면, 개인의 자유를 실현하는 데 반드시 필요한 또 다른 가치들과 공동체의 가치를 무시하고 일방적으로 개인의 자유와 권리를 절대시하는 태도는 그릇된 것이며, 마찬가지로 자유로운 공동체를 유지시키는 데 필수적인 자유의 가치를 폄하하는 태도도 분명히 잘못된 것이다.

둘째로, 개인의 자유와 공동선이 양립가능하다는 사실은 개인의 자유 혹은 권리가 행사되는 다양한 방식을 조명함으로써 알 수 있다. 「개인의 권리와 공동체 미덕」이란 글에서 토마시(J. Tomasi)가 지적하듯이, 권리의 기능은 공동체주의자들이 생각하는 것보다 더 융통성 있고 복잡하다(Tomasi 1991, 521-536). 공동체주의자들은 권리를 근본적으로 갈등을 초래하는 것으로 보는 경향이 있다. 하지만 실제로 개인의 자유는 자리自利에 따라서만 행사되지 않는다. 민주사회의 시민들은 빈번히 박애, 책임 및 타인의 존엄성을 배려하여 권리의 행사를 유보하며, 나아가서는 공동선을 고려하여 자유를 행사하기도 한다. 게다가, 자리의 추구가 항상 공동선과 충돌을 일으키는 것도 아니다. 자리는 공동선과 조화롭게 달성될 수도 있다. 그러므로 공동선을 강조하여 이미 확립된 개인의 자유와 권리를 포기하라는 주장은 시대착오적일 뿐만 아니라 불가능하며 또 바람직하지도 않다. 마찬가지로, 권리란 가치는 자유로운 공동체를 지탱하는 또 다른 가치들과 의존적인 관계에 있기 때문에 항상 공동체의 특수한 상황과 다른 가치들의 실현 정도에 따라 그 비중이 결정되어야 한다. 한 사회의 구체적인 상황과 필요를 고려하지 않고 "권리는 트럼프 카드다"고 선언하든지, 권리 혹은 자유의 사전적 우선성(lexical priority)을 주장하는 것은 순전히 수사적인 의미밖에는 없다.

마지막으로, 이 글에서 필자가 시도한 고전적 자유주의 형성에 대한 역사적·맥락적 이해는 자유주의의 공동체적 토대를 밝힌 것으로, 자유주의가 일정한 문화공동체의 산물로서 그 문화공동체 내에서만 온전한 의미를 지닐 수 있다는 것을 보여주기 위한 것이다. 이는 공동체와 개인의 자유는 불가분리의 상호의존관계에 있다는 것으로 자유주의와 공동체주의 사이의 협력가능성을 강력히 시사한다.

제1부

| 기본권을 통해 본 시장과 민주주의의 관계 |

Ackerman, B., 1980. *Social Justice in the Liberal State*(New Haven: Yale University Press).

Arendt, H., 1963. *Between Past and Future*(Cleveland: The World Publishing Co.).

Arblaster, A., 1984. *The Rise and Decline of Western Liberalism* (Oxford: Basil Blackwell).

Barber, B., 1998. *A Passion for Democracy*(Princeton: Princeton University Press).

Barry, B., 1990. 'How not to Defend Liberal Institutions,' in *Liberalism and the Good*, eds., Dogulas, R. B., Mara, G. M. and Richardson, H. S.(New York: Routledge).

Beetham, D. 1999. *Democracy and Human Rights*(Cambridge: Polity Press)

Beiner, R. 1992. *What's the Matter with Liberalism?*(Berkeley: University of California Press).

Bellamy, R., 1992. *Liberalism and Modern Society*(Cambridge: Polity Press).

Buchanan, J., 1975. *The Limits of Justice: between Anarchy and Leviathan*(Chicago: Chicago University Press).

Burger, w., 1993. 'Dismantling Europe's Welfare State,' *Newsweek* (December20).

Cohen, A., 1974. *Two-Dimensional Man*(London: Routledge & Kegan Paul).

Dahl, R. A.. 1982. *Dilemmas of Pluralist Democracy: Autonomy vs. Control*(New Haven: Yale University Press).

_____, 1985. A *Preface to Economic Democracy*(CA: Berkeley, University of California Press).

Dunn J. ed., 1993. *Democracy: The Unfinished Journey*(Oxford: Oxford University Press).

Dworkin, R., 1978. *Taking Right Seriously*(Cambridge, MA: Harvard University Press).

_____, 1985. 'Liberalism,' in Dworkin, *A Matter of*

Principle(Cambridge: Cambridge University Press). 1978년에 처음
발표되어 다음 책에 수록되었음. Hampshire, S. ed., 1978. *Public
and Private Morality*(Cambridge University Press).

_____, 1981, 'What is equality? Part 1: Equality of Welfare',
Philosophy and Public Affairs, vol. 10, 185-246.

_____, 1981. 'What is equality? Part 2: Equality of Resources,'
Philosophy and Public Affairs, vol. 10, 283-345.

_____, 1987. 'What is equality? Part 3: The Place of liberty,'
Iowa law Review, vol. 73, 1-54.

_____, 1987. 'What is Equality? Part 4: Political Equality,'
University of San Francisco Law Review, vol, 22, 1-30.

_____, 1992. 'Liberal Community,' in Avineri, S and Avener,
D., ed., *Communitarianism and Individualism*(Oxford: Oxford
University Press), 205-23.

_____, 1993. *Life's Dominion: An Argument about Abortion
and Euthanasia*(London: HarperCollinsPublishers).

_____, 1996. Freedom's Law: *The Moral Reading of the*

American Constitution(Cambridge, MA: Harvard University Press).

Elster, J. 1986. 'The Market and Forum,' in *The Foundations of Social Choice Theory*, ed., Elster, J. and Hylland, A.(Cambridge: Cambridge University Press), 103-32.

Feinberg, J., 1980. *Rights, Justice and the Bounds of Liberty* (Princeton: Princeton University Press),

Fontana, B., 1994. *The Invention of the Modern Republic* (Cambridge: Cambridge University Press).

Galston, W., 1991. *Liberal Purposes*(Cambridge: Cambridge University Press).

Gould, C., 1988. *Rethinking Democracy: Freedom and Social Cooperation in Politics, Economy, and Society*(Cambridge: Cambridge University Press).

Gray, J., 1986. *Liberalism*(Minneapolis: University of Minnesota Press).

Gray, T., 1991. *Freedom*(London: Macmillan).

Gutmann, A., 1980. *Liberal Equality*(Cambridge: Cambridge University Press).

Gutmann, A. & Thompson, D., 1996. *Democracy and Disagreement* (Cambridge, MA: The Belknap Press of Harvard University Press).

Habermas, J., 1996. *Between Facts and Norms: Contribution to a Discourse Theory of Law and Democracy*, translated by W. Rehg(Cambridge, MA: MIT Press).

Hardin, R., 1999. *Liberalism, Constitutionalism, and Democracy* (Oxford: Oxford University Press).

Hayek, F. A., 1960. *The Constitution of Liberty*(Chicago: the University of Chicago Press).

_____, 1982. *Law Legislation and Liberty*(london: Routledge & Kegan Paul)

Held, D., 1987. *Models of Democracy*(Oxford: Polity Press).

Holmes, S., 1993. *Anatomy of Liberalism*(Harvard University Press).

Hospers, J., 1974. 'The Libertarian Manifesto,' in *Justice: Alternative*

Political Perspective, ed., Sterba J. P.(Belmont, Canada: Wadsworth), 24-34.

Huntinton, S. P. 1991. *The Third Wave: Democratization in the Late Twentieth Century*(Norman: University of Oklahoma Press).

Kymlicka, W., 1988. 'Liberalism and communication,' *Canadian Journal of Philosophy*, Vol. 18, 181-203.

_____, 1989. 'Liberal Individualism and Liberal Neutrality,' *Ethics*, 99(July).

Larmore, C ., 1987. *Patterns of Moral Complexity*(Cambridge: Cambridge University Press).

Lipset, S. M., eds., 1998-9. *Democracy and Developing Countries*, vol. 2-4(London: Adamantine Press)

MacCallum, G. C., 1967. 'Negative and Positive Freedom,' *Philosophical Review*, vol. 76.

Macedo, S., 1990. *Liberal Virtues*(Oxford: Oxford University Press).

MacIntyre, A., 1981. *After Virtue: A Study in Moral Theory*(Notre Dame: University of Notre Dame Press).

_____, 1990. 'The Privatization of Good,' *The Review of Politics*, 52, no.3, 344-361.

Mulhall, S. and Swift, A., 1992. *Liberals and Communitarians*(Oxford: Basil Blackwell).

Nozick, R., 1974. *Anarchy, State and Utopia*(Oxford: Blackwell).

Nussbaum, M., 1990. 'Aristotelian Social Democracy,' in *Liberalism and the Good*. eds., Douglas, R. B., Mara, G. M. and Richardson, H. S.(New York: Routledge).

_____, 1992. 'Non- Relative Virtue: An Aristotelian Approach,' in *The Quality of Life*, eds., Nussabaum, M and Sen, A.(Oxford: Clarendon Press), 242-69.

Oakeshott, M., 1962. *Rationalism in Politics*(London: Methuen).

Paris, D. C., 1987. 'The Theoretical "Mystique": Neutrality, Plurality, and the Defence of Liberalism,' *American journal of Political Science*, vol. 31, 909-39.

Pateman, C., 1970. *Participation and Democratic Theory*(Cambridge: Cambridge University Press).

Ramsay, M., 1997. *What's Wrong with Liberalism*(London: Leister University Press).

Rand, A., 1967. *Capitalism: The Unknown Ideal*(New York: new American Library).

_____, 1961. *The Virtue of Selfishness*(New York: New American Library).

Rawls, J., 1971. *A Theory of Justice*(Cambridge, MA: Harvard University Press).

_____, 1985. 'Justice as Fairness: Political Not Metaphysical,' *Philosophy and Public Affairs*, 14, 223-251.

_____, 1993. *Political Liberalism*(New York: Columbia University Press).

Raz, J., 1986. *The Morality of Freedom*(Oxford: Clarendon).

Rosenblum, N., 1987. *Another Liberalism*(Cambridge, MA: Harvard University Press).

Rothbard, M., 1962. *Man, Economy, and State*(Auburn, Alabama: Mises Institute),

_____, 1998. *The Ethics of Liberty*(New York: new York University Press).

Sandel, M., 1982. *Liberalism and the Limits of Justice*(Cambridge: Cambridge University Press).

_____, 1996. *Democracy's Discontent*(Cambridge, MA: The Belknap Harvard University Press).

Shapiro, I. & Hacker-Cordon, ed., 1999. *Democracy's Edge* (Cambridge: University of Cambridge).

_____, ed., 1999. *Democracy's Value*(Cambridge: University of Cambridge).

Shils, E., 1991. 'The Virtue of Civil Society,' *Government & Opposition*, 26, 3-20.

Skinner, Q., 1992. 'On Justice, The Common Good and the Priority of Liberty,' in *Dimensions of Radical Democracy*, ed., Mouffe, C.(London:Torso), 211-24.

Spragens, Jr., 1981. *The Irony of Liberal Reason*(Chicago: Chicago University Press).

Sullivan, W. M., 1986. *Reconstructing Public Philosophy*(Berkeley: University of California Press),

Tamir, Y., 1993. *Liberal Nationalism*(Princeton: Princeton University Press),

Taylor, C., 1985. *Philosophy and Human Science: Philosophical Papers 2* (Cambridge: Cambridge University Press).

Tomasi, J., 1991. 'Individual Rights and Community Values,' *Ethics* 101, 521-536.

Waldron, J., 1993. *Liberal Rights*(Cambridge: Cambridge University Press).

Walzer, M., 1983. *Sphere's Justice*(New York: Basic Books).

Warren, M. ed., 1999. *Democracy & Trust*(Cambridge: University of Cambridge).

Young, I. M., 2000. *Inclusion and Democracy*(Oxford: Oxford University Press).

Zolo, D., 1992. *Democracy and Complexity: A Realist Approach* (Cambridge: Polity Press).

제2부
| 라즈(J. Raz)의 완전주의적 자유주의 |

Dunn, J., 1985. *Rethinking Modern Political Theory*(Cambridge: Cambridge University Press).

_____, 1994. 'The Identity of the Bourgeois Republic,' in *The Invention of the Modern Republic*, ed., B. Fontana (Cambridge University Press, 1994).

Dworkin, R., 1978. *Taking Right Seriously*(Cambridge, MA: Harvard University Press).

Larmore, C., 1987. *Patterns of Moral Complexity*(Cambridge: Cambridge University Press).

Mulhall, S. & Swift, A., 1992. *Liberals and Communitarians*(Oxford: Blackwell).

Parekh, B., 1968. 'The Nature of Political Philosophy,' in *Politics and Experience*, ed., King P. & Parekh B.(Cambridge: Cambridge University Press).

Rawls, J., 1971. *A Theory of Justice*(Cambridge, MA: Harvard

University Press).

Raz, J., 1990. *Practical Reason and Norms*(London: Hutchinson. First published in 1975).

_____, 1986. *The Morality of freedom*(Oxford: Clarendon).

_____, 1989. 'Liberalism, Skepticism, and Democracy,' *Iowa Law Review* 74.

_____, 1994. *Ethics in the Public Domain*(Oxford: Clarendon Press).

Tomasi, J., 1991. 'Individual Rights and Community Values,' *Ethics* 101(1991), 521-536.

Tuck, R., 1979. *Natural Rights Theories: Their Origins and Development*(Cambridge: Cambridge University Press, 1979).

_____, 1993. *Philosophy and Government*(Cambridge: Cambridge University Press).

| 로크(J. Locke)와 스코틀랜드 계몽주의자들 |

김비환, 1998. 「매킨타이어의 공동체주의 정치이론 비판: 해석사회학
의 문제점을 중심으로」, 『한국정치학회보』, 32집 2호, 9-30.

Arendt, H., 1958. *Human Condition*(Chicago: Chicago University
Press).

Ashcraft, R., 1994. 'Locke's Political Philosophy,' *The Cambridge
Companion to Locke*, ed., Chappell V.(Cambridge: Cambridge
University Press).

Ball, T., 1995. *Reappraising Political Theory*(Oxford: Clarendon
Press).

Barber, B., 1983. *Strong Democracy*(Berkeley: University of
California Press).

Bay, C., 1978. 'From Contract to Community,' *From Contract to
Community*, ed., Dallmayr F. R.(New York: Marcel Dekker,
Inc.), 29-45.

Cranston, M., 1986. *Revolutionary Politics and Locke's Two Treatises
of Government*(Princeton: Princeton University Press).

Cropsey, J., 1981. 'Adam Smith,' *History of Political Philosophy*, ed., Leo Strauss & Joseph Cropsey(Chicago and London: The University of Chicago Press), 607-630.

Dunn, J, 1968. 'The Identity of the History of Ideas,' *Philosophy*, vol. 43, 85-116.

_____, 1997. *The History of Political Theory*(Cambridge: Cambridge University Press).

Dworkin, R., 1978. *Taking Rights Seriously*(Cambridge, MA: Harvard University Press).

Etzioni, A., 1995. 'Communitarian Liberalism,' *New Communitarian Thinking*, ed., Amitai Etzioni(Virginia: The University of Virginia Press).

_____, 1995. *The Spirit of Community*(London: Fontana Press).

Ferguson, A., 1966. *An Essay on the History of Civil Society 1767* (Edinburgh: Edinburgh University Press).

Galston, W. 1991. *Liberal Purposes*(Cambridge: Cambridge University Press).

Haakonssen 1994. 'Introduction,' in *Political Essays*, ed., Knud Haakonssen(Cambridge: Cambridge University Press).

Holmes, S., 1993. *The Anatomy of Antiliberalism*(Cambridge, MA: Harvard University Press).

Hume, D., 1985. *Essays: Moral, Political and Moral*, edited and with a Foreward, Notes, and Glossary by E. F. Miller (Indianapolis: Liberty Fund).

_____, 1994. *Political Essays*, ed., Knud Haakonssen(Cambridge: Cambridge University Press).

Huyler, J., 1997. 'Was Locke a Liberal?' *Independent Review*, vol. 1, http://web4.searchbank.com/itw/ses, 1-18.

Kalyvas, A. & Katznelson, I., 1998. 'Adam Ferguson returns: liberalism through a glass,' *Political Theory*, vol. 26, 173-198, http://web4.searchbank.com/itw/ses.

Kerkhof, B., 1995. 'A Fatal Attraction?: Smith's Theory "Theory of Moral Sentiment" and Mandeville's "Fable",' *History of Political Thought*, Vol. 16, 219-234.

Kymlicka, W, 1988. 'Liberalism and Communitarianism,' *Canadian Journal of Philosophy* 18, no. 2. 1988, 181-203.

_____, 1989. 'Liberal Individualism and Liberal Neutrality,' *Ethics*, 99, 993-905.

Locke, J., 1988. *Two Treatises of Government*, ed., P. Laslett (Cambridge: Cambridge University Press).

_____, 1976. *An Essay Concerning Human Understanding: An Abridgement*, selected by John Yolton(London: Everyman's Library).

_____, 1991. *A Letter Concerning Toleration*, ed., J. Horton & S. Mendus(London: Routledge).

Macedo, S., 1990. *Liberal Virtues*(Oxford: Clarendon Press).

MacIntyre, A., 1985. *After Virtue*, 2nd edition(London: Dukeworth).

_____, 1988. *Whose Justice?* Which Rationality?(London: Dukeworth).

Macpherson, C. B. 1962. *Political Theory of Possessive Individualism* (Oxford: Oxford University Press).

Mulhall, S. & Swift, A., 1992. *Liberals and Communitarians*(Oxford: Blackwell).

Norton, D. F., 1993. 'Hume, human nature, and the foundations of morality,' *The Cambridge Companion to Hume*, ed., D. F. Norton(Cambridge: Cambridge University Press), 148-181.

Nozick, R., 1974. *Anarchy, State and Utopia*(Oxford: Blackwell).

Pocock, J. G. A., 1964. 'The History of Political Thought: A Methodological Enquiry,' in *Philosophy, Politics, and Society*, 2nd. series., ed., P. Laslett & W. G. Runciman(Oxford: Oxford University Press, 1964).

Rawls, J., 1985. 'Justice as Fairness: Political not Metaphysical,' *Philosophy & Public Affairs*, vol. 14, 223-51.

_____, 1987. 'The Idea of An Overlapping Consensus,' *Oxford Journal of Legal Studies*, vol. 7, no. 1, 1-25.

_____, 1993. *Political Liberalism*(New York: Columbia University Press).

Rorty, R., 1989. *Contingency, irony, and solidarity*(Cambridge:

Cambridge University Press).

Rosenblum, N., 1987. *Another Liberalism*(Cambridge, MA: Harvard University Press).

Sandel, M, 1982. *Liberalism and the Limits of Justice*(Cambridge: Cambridge University Press).

_____, 1984. 'The Procedural Republic and the Unemcumbered Self,' *Political Theory* 12, 81-96.

Schmitt, C., 1976. *The Concept of the Political*(New Brunswick: Rutgers University Press).

Schneider, L. ed., *The Scottish Moralists on Human Nature and Society*(Chicago and London: Phoenix Books).

Sibley, M., 1978. 'Political Theory, Peace, and the Problem of World Order,' *From Contract to Community*, ed., F. R. Dallmayr (New York: Marcel Dekker, Inc.), 127-165.

Skinner, Q., 1969. 'Meaning and Understanding in the History of Political Thought,' *History and Theory*, vol. 8, 3-53.

Smith, A., 1996. 『도덕감정론』 (서울: 비봉출판사).

_____, 1983. 『국부론』(상, 하) (서울: 을유문화사).

Spragens, Jr., T. H., 1995. 'Communitarian Liberalism,' *New Communitarian Thinking*, ed., Amitai Etzioni(Virginia: The University of Virginia Press), 37-51.

Strauss, L., 1952. *The Political Philosophy of Hobbes: Its Basis and Its Genesis*(Chicago: The University of Chicago Press).

_____, 1953. *Natural Right and History*(Chicago: The University of Chicago).

_____, 1959. *What is Political Philosophy?*(Glencoe: The Free Press).

Taylor, C., 1985. *Philosophy and Human Science: Philosophical Papers 2*(Cambridge: Cambridge University Press).

_____, 1989. 'Cross-Purposes: The Liberal-Communitarian Debate,' *Liberalism and the Moral Life*, ed., Nancy Rosenblum (Cambridge, MA: Harvard University Press).

Tully, J., 1993. *An Approach to Political Philosophy: Locke in Context*(Cambridge: Cambridge University Press).

Unger, R., 1975. *Knowledge and Politics*(New York: Free Press).

Walzer, M., 1984. 'Liberalism and the Art of Separation,' *Political Theory*, vol 12, 315-330.

_____, 1990. 'The Communitarian Critique of Liberalism,' *Political Theory*, vol. 18, 6-23.